また来てもらえる
美容師になるための
共感力

"Kyou-kan ryoku" based on
Emotional Communication method

ECメソッドに基づくごきげんコミュニケーション論

一般社団法人日本ヘッドスパ協会公式テキストブック

サービスビジネス・コンサルタント
日本ヘッドスパ協会理事
安東徳子
Noriko Ando

●また来てもらえる美容師になるための共感力●もくじ

＊本書ではお客さまに関する敬語表現はカジュアルスタイルにしてあります。

Prologue

『また来てもらえる美容師』とは？

この本のタイトルは『また来てもらえる美容師になるための共感力』です。単なる〝美容師〟ではなく〝また来てもらえる美容師〟とあるのはなぜでしょう？

〝また来てもらえる美容師〟とはどんな美容師なのか？

それは、これから先10年でも20年でも、いつまでも美容師として輝きながら仕事をしていける美容師です。

苦労して美容師の資格をとったのに、スタイリストデビューの前にサロンを辞めてしまう人もたくさんいます。

ようやく美容師としてデビューしたものの、これからどんな美容師を目指していけばよいのかがわからなくなっている人もたくさんいます。

せっかく美容師を目指したなら、いつまでも輝きながら美容師の仕事に携わっていられるべきなのに、それが叶わないのは実に残念なことです。

美容師の仕事は人々をごきげんにして、幸せにする大切な仕事です。

美容師になった人も、美容師に施術してもらうお客さまも、幸せを分かちあえる大切な仕事です。

絶対になくなってはいけない仕事です。

この本は美容師を志した人が、いつまでもごきげんに仕事をし続けられるようになるために書かれています。

それには、『また来てもらえる美容師になること』が必要です。

そして、そんな美容師になるには、『共感力』を身につけること。

同時にヘッドスパの考え方や技術を習得して、心と身体の双方からお客さまの『キレイ』をサポートできる美容師になることが必要です。

普通の『美容師』は いらない時代が来る？

ファッション界ではリアルクローズが台頭し、私たちは安くておしゃれな洋服を簡単に楽しむことができます。

この便利さは、どこから来たのかというと19世紀の産業革命に遡ります。

それまでモノづくりはほとんどが手作業だったのに、機械や工場が進化して一度に大量のものがつくれるようになりました。商品は増え、物の値段も下がりましたが同時に仕事を失う人も増えました。手作業の仕事はどんどんなくなっていったからです。

また、高度経済成長期といわれる第二次世界大戦後も人々の暮らしは大きく変わりましたが、その変化の集大成がＩＴでした。

コンピューターやインターネット、スマートフォンなどが次々に現れ、人々の生活はあっという間に大きく変化しました。

今では地球上のどこにいても、瞬時にコミュニケーションをとれる時代です。

生活は便利になりましたが、なくなったものもたくさんあります。新聞や雑誌など紙によるコミュニケーションが減ったため、印刷業などは大きな痛手を受けています。

人類の歴史が始まってから1000万年。特にこの100年ほどの間に、人々の生活は急激な変化を遂げました。人類はこの100年でまったく違う生活をする生物になったといってもいいほどの変化です。

産業革命を第一の波、IT革命を第二の波とすれば、これからの時代は第三の波ということができます。それがAIです。Artificial intelligence、『人工知能』です。

この第三の波は産業革命よりもIT革命よりも早いスピードで人々の暮らしに入り込んできます。

AIロボットがもたらす便利さとともに、切り捨てられていくものもたくさんあります。

それが『人がする仕事』です。

AIは、ほとんどの仕事を人間よりも早く、大量に、正確に、簡単にこなすことができます。

言い換えれば、ほとんどの仕事がAIにとって代わられてしまうということになります。

電車の運転手から受付係まで、AIはどんな仕事でも人間以上のレベルでこなすことができます。

美容師の仕事はどうでしょう？

手仕事である美容師の仕事はさすがにAIには無理なのでは？　と思っている人も多いかもしれません。

美容サロンでお客さまに売るものとは？

複雑で高度な技術を要する美容師の仕事は、ＡＩには無理だ、と思われているかもしれません。

しかし、今後は心臓手術さえ、精密な機械に任せられる時代がくるのです。

美容も例外ではありません。

『施術』をすることなら、ＡＩロボットにとって簡単な作業です。

ＡＩロボットの美容師がサロンに立つのも、決して非現実的なことではないのです。

ただし、ＡＩロボットの美容師は『普通の美容師』にはなれても『また来てもらえる美容師』になることはできません。

『また来てもらえる美容師』になれれば、ＡＩには絶対になれない美容師になれます。

お客さまとごきげんと幸せを分かちあえる魅力あふれる美容師になれます。

ＡＩロボット美容師と共存できる美容師になれます。

そうなるために絶対必要なことが『共感力』なのです。

美容師の仕事はひと言で言えばヘアスタイリングです。

カットやパーマ、カラーリングなどの専門技術で、ヘアスタイリングというサービスを『販売』するのが仕事です。そしてそれだけなら、いずれＡＩもほぼ同じことができることはわかりました。

それでは、ＡＩロボットではなく、生身の美容師に施術されたい、とお客さまに思ってもらうにはどうすればよいのでしょうか？

これからの美容はスタイルからケアの時代に入っていきます。素肌美、素材美の時代です。スッピンが自慢になる時代です。

肌のツヤ、髪の輝きという身体自体のキレイに価値を感じる時代になりました。

単なるヘアスタイリングやメイクアップだけでなく、心と身体の中からキレイをつくる時代です。

健康と美容が同じ価値観で語られる時代です。

キレイになりたい！　という気持ちは誰にでもあります。

しかし、キレイでいる、キレイになる、というのは、そんなに簡単なことではありません。サロンに定期的に通うだけでは、キレイは持続できません。

健康を維持して、毎日のお手入れを怠けずに、自分の素材美を磨く。

そのために一番必要なことは何でしょう？

それは、『モチベーション』です。

キレイになりたい、と思うモチベーションです。

そのモチベーションこそは『人にしかつくれない』ことです。

人は誰でも褒められればうれしいものです。褒められれば頑張れるものです。

『キレイになりましたね。ヘッドスパを続けた甲斐がありましたね。私も嬉しいです！　また頑張りましょう！』と美容師さんに言われたら、お客さまは嬉しくなります。

ところが、同じセリフをＡＩロボットに言われたらどうでしょう？

ロボットには感情がありません。感情を知識として理解はできますが、感情を『感じる』ことはできません。『嬉しい』とか、『悲しい』とか、喜怒哀楽を感じることはできないのです。感じることができないＡＩロボットに感情を伝えられても何も感じません。

ＡＩロボットに『嬉しいです』と言われても、やる気はおきません。

自動販売機が『アリガトウゴザイマス』というのと同じことです。

感情は人にしかないものです。

感情を使う仕事だけは、ＡＩロボットにはできません。

感情を使う仕事だけが、人にしかできない仕事なのです。

美容サロンではヘアスタイリングだけが商品ではなく、『キレイのやる気』も大切な商品なのです。


『また来てもらえる美容師』に必要なのは、お客さまの感情に寄り添って仕事をすることです。

それが共感力です。


また来てもらえる美容師とは、『また会いたいと思ってもらえる美容師』です。

共感力をもった美容師だけが、また会いたいと思ってもらえます。


価格ではなく、チケットではなく、技術だけでなく、時間や場所の便利さだけでなく、その人自身に会いたいと思ってもらえる美容師、それが『また来てもらえる美容師』です。

それが共感力をもった美容師です。

ゲンキとキレイを保つには？

スタイルからケアの時代に入り、美容サロンに求められるものは、髪自体のキレイが中心となってきました。

ヘアケアはシャンプーやトリートメントだけでは保つことはできません。身体の『元気』があってはじめてヘアのキレイが生まれます。月に一度サロンに来ていただくだけでは、髪のキレイは維持できません。

毎日のお手入れや、身体全体の『元気』についてもお客さまに寄り添った対応ができてはじめてお客さまのヘアのキレイは保たれるのです。

そのために必要なのが、ヘッドスパです。ヘッドスパはヘアケアの時代になくてはならない施術になりました。

ヘッドスパは髪はもちろん身体全体の健康を保ち、お肌のキレイにも役立ちます。ヘッドスパによりキレイを保ったヘアに、最新のヘアスタイルを施すことで最高のヘアスタイルライフが維持できます。

同時に、ヘッドスパのメニューをお客さまに提案するには、とても難しいコミュニケーション能力を必要とします。ヘアスタイリングのように結果が目に見えるものではなく、少しずつ改善されていくという価値を伝えることは簡単ではありません。

今ではない未来のお客さまの気持ちやまわりの人たちの気持ちまで想像して伝える…これも共感力なしにはできないコミュニケーションです。

共感力コミュニケーションのテキストがいまなぜ必要なのか？

「ヘッドスパを生活習慣にするとキレイと元気が手に入りますよ」と言うのは誰でもできます。しかし、〝ヘッドスパ〟という言葉を正しく伝えることは簡単ではありません。

本当にキレイと元気を手に入れてもらうには、〝本物のヘッドスパ〟を〝正しく〟生活習慣にすることが前提です。

長い間私たちは、〝美しい皮膚は健康な体に宿る〟と説いてきました。

最近になって、表皮で全身の健康に働きかける物質がつくられていることが発見され、また身体の健康と美しい皮膚はお互いに助け合う相互依存の関係にあることや、皮膚自体に脳と同じような考える機能があることなど、新たな皮膚の役割が分かってきました。

健康だから美しい皮膚になる、だけでなく、皮膚からの働きかけにより健康になるという逆の効果もあることがはっきりしてきたのです。

頭部には神経や内分泌の中枢があるので、当然ヘッドスパは皮膚を美しく保つことや全身の健康にもつながっています。

額のシワの約50～70パーセントは頭皮のたるみが原因といわれており、ヘッドスパにより頭皮のたるみを解消することでフェイスへのアンチエイジング効果にもつながります。

ヘアデザインやヘアケアだけでは、一瞬の輝きは大きなものがあっても、本質的な女性の美と健康に対しては、ヘッドスパほどの期待を持つことはできません。

例えばお客さまの美や健康を妨げる要因になるストレスや心身の疲れなどを軽減する技術が、これからの美容師に求められると同時に、新たな美容マーケットの拡大へと導きます。

美容師が得意とする頭部への技術で、美と健康に貢献できる技術が〝ヘッドスパ〟であること。

以上のような事実を、わかりやすく、誤解のないように伝えることもこれからの美容師に求められていくコミュニケーション能力なのです。

ヘアデザインのようにその場で結果が目に見えるものではなく、お客さまの〝キレイのやる気〟の高まりとともに効果を実感できるヘッドスパのようなさまざまな価値を伝えるには共感力が重要です。

お客さまのモチベーションとチャレンジをサポートしていくために必要なコミュニケーション能力が共感力です。

共感力を身につけると こんなことが……

これからの美容師に必要とされる共感力は、仕事に大きな変化をもたらします。

共感力を身につけた美容師は、

①仕事を気持ちよく引き受けられるようになります
②仕事を上手に断れるようになります
③仕事を上手に頼めるようになります
④仕事が楽しくなります
⑤やりたい仕事が増えます
⑥仕事がうまく運びます
⑦人気が出て、指名が増えます

そしてサロンで働くスタッフとして

①報告・連絡・相談が自然にできるようになります
②敬語が自然に身につきます
③協調性が自然に身につきます
④社会常識に対して敏感になります
⑤上司、同僚からも好かれるようになります

さらには、共感力は、仕事だけでなく、毎日の生活にもごきげんな変化をもたらしてくれます。

①運のよいことが増えます
②不幸なことが逃げていきます
③人間関係のストレスがなくなります
④人の悪口、愚痴が減ります
⑤人のことが好きになります
⑥自分を許せるようになります
⑦恋人や家族と仲良くいられます
⑧ケンカをしなくなります
⑨暴飲暴食をしなくなります
⑩身体がイキイキとしてきます

まさに、共感力は元気とキレイの原点ですね。

また来てくださるお客さまとは？

美容室ジプシーと呼ばれる、初回限定割引クーポン券を使ってサロンを渡り歩くお客さまもいらっしゃいます。こういうお客さまは、いずれＡＩロボットのサロンに行きつくことでしょう。

誰がやっても関係ない、誰がやるかを気にしないお客さまです。

これから長い間、美容師の仕事を続けるならば、ジプシーのお客さまでなく、『また来てくださるお客さま』とのお付き合いを大切にしていくべきです。

そのためには、元気とキレイのモチベーションと、全身の健康を気遣ってくれるヘッドスパの知識と技術を提供できる美容師になることです。

それを学ぶのがこの本です。

『また来てもらえる美容師』になるために必要なことがすべて書かれています。

この本とともに、美容師さんとお客さまの毎日がごきげんに輝き続けますように…。

Lesson 1

美容の仕事に共感力が必要な理由

人の数が減り、人工知能が進化し、
価値は多様化していきます。
世の中は今、大きな変化の時代を迎えています。
美容業界も例外ではありません。
その変化に対応するなら、共感力の必要性に
気づくこと、それが美容業界の変化への第一歩です。

1

これからの美容業界は フロービジネスから ストックビジネスへ

美容業界こそめざすべきビジネスのかたち、

それがストック型ビジネスです。

どんな業種、どんな企業も始めているストック型ビジネス。

いったいどんなビジネスモデルでしょうか。

美容室ジプシーはもういらない

不動産セールスとウエディングビジネス、家具販売の共通点は何でしょうか。それは、お客さまとほぼ1回きりのお付き合いという点です。

あなたのサロンはお客さまとどんなお付き合いをしていますか。1回きりのお付き合いのお客さまを〝美容室ジプシー〟と呼びます。言い換えれば、初回限定割引を利用した人たちのことです。初回割引は、その後の継続来店の入り口だったはずが、結果として割引特典を目当てに渡り歩くお客さまが増えてしまったのが現状です。

この1回きりのビジネスをフロービジネスといいます。家具店などは1回の購入額が数万以上と額が大きいのでフロービジネスが成り立ちますが、1回の額が1万円前後の美容室にとっては、経営が苦しくなることが目に見えています。

今後、人は減り続けます。お客さまの絶対数が減少する中で、1回きりのお付き合いではビジネスは行き詰まるでしょう。大事なこ

ストックビジネスとは？

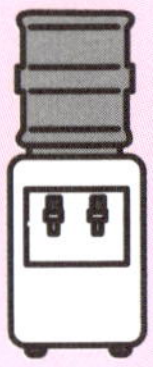

例・宅配水

ウォーターサーバーのレンタルと定期宅配の契約

↓

毎月4,500円の売上げ

↓

解約するまで取引が続く

1回の売上げ額が少なくても、解約しない限り月々の収入が得られる。

フロービジネスとは？

例・家具店

ソファ1台を購入

↓

49,800円の売上げ

↓

取引終了

1回の売上額は高くても、キャンペーンや新商品投入などで集客し、新規の取引を継続して行なわないと収入が得られない。

とは、ひとりのお客さまに長く何度も通ってもらうことです。

流れるビジネスと溜めるビジネス

フロービジネスの『フロー』は英語のflow（絶え間なく流れる）の意味です。フロービジネスは、お客さまとの取引は単発（1回）で売買するので、常に集客のための努力をしないと継続的に売り上げが得られないビジネスモデルです。

ストックビジネスの『ストック』は英語のstock（蓄え、蓄積）からきています。ストックビジネスは、お客さまと一度取引をすると、そのお客さまから継続して収入を得ることができます。一度お客さまを獲得すれば、常に集客をしないで済み、広告費など維持費を抑えることができます。

お客さまの総数が減少している今、どの業界、企業もストック化を考えています。例えば、家電量販店は高いポイント還元率を設定してお客さまを囲い込んでいます。また、海外旅行で利用する航空会社は、マイレージを実施。貯まったマイルはショッピングで使えるなど汎用性の高さなどをアピールして、顧客のストック化を図っています。

美容室もストック型で長期安定経営に

美容室は正しいアプローチをすればストックビジネスが成り立ちます。フロービジネスとして、決して安くない集客費用をかけ、新規のお客さまを獲得し続ける努力をするより、ストック型でリピートしてくれるお客さまとの関係を太く長く続けていく方が、サロンにとってははるかに効率的で、継続的に売上を確保できます。

美容室は今後ストック型をめざして、とにかくリピーターを増やしていくことが、長い目で見て収益の安定につながります。そのためには、新規のお客さまに必ず顧客になってもらうための対策を立てなければなりません。

1本釣りから養殖型へ

時代はフロービジネスからストックビジネスへ変化している。
1回ずつお客さまを獲得するより、ひとりのお客さまをリピーターに育てていく『育てるビジネス』への転換を図る必要がある。

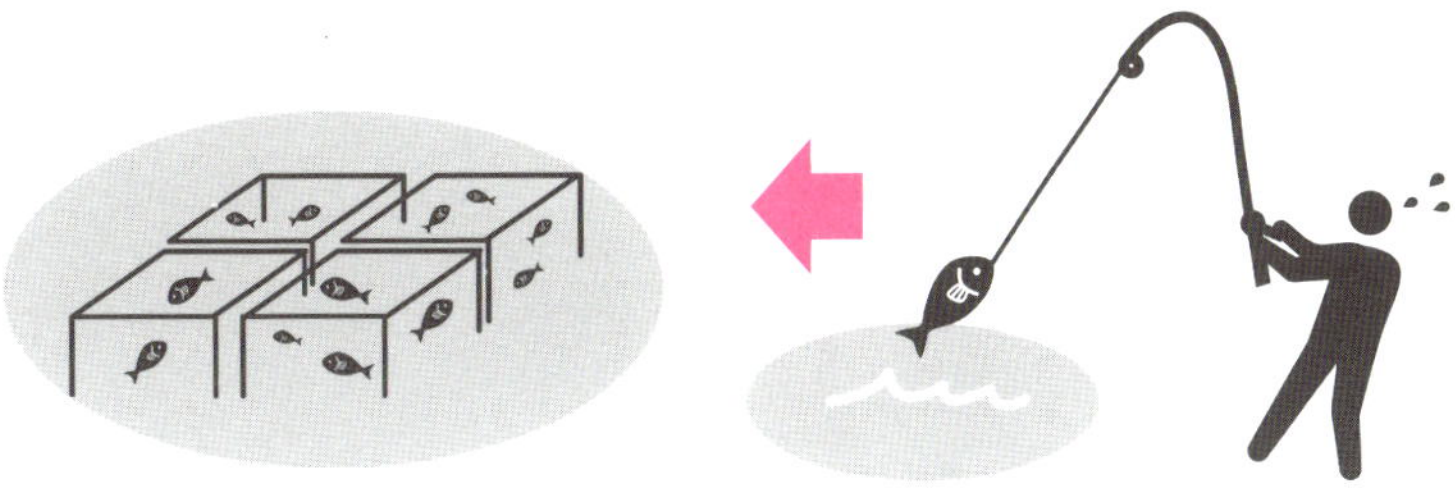

お客さまのライフタイムを通して取引を継続

お客さまのライフタイム
誕生
七五三
受験
婚活
結婚
旅行
就活
教育
転職
あなたのサロン
日常のヘアケア

Lesson1-1
Point

- フロー型で新規のお客さまを獲得し続けるより、ストック型でリピートしてくれるお客さまとの関係を太く長く続けていく方が、サロンに効率的で、継続的に売上をあげることができます
- 日常のヘアケアはもちろん、お客さまの節目節目のイベントで利用してもらうことで、より強い関係が築かれます

取引は一回性からライフタイムへ

お客さまとの関係をもっと長い目で見て、例えば、お客さまの生涯（ライフタイム）を通して関係を続けられれば、より長期的に売上が安定することになります。

日常のヘアケアはもちろん、お客さまのライフタイムにおいて迎える節目やイベントで、利用してもらうことでさらに強い関係を築くことができます。人は生涯で、誕生、七五三、入学、卒業、就職活動、結婚などの節目があり、その多くでは写真を撮ります。その都度、自分のサロンで着付けやヘアメイクを利用してもらうことが可能なはず。美容はお客さまのライフタイムの中心でビジネスができる業種です。美容と健康は人生において特にお金をかける分野でもあります。

このように、1本釣りから養殖型、狩猟型から農耕型のストック化ビジネスをめざしましょう。

Reason why "kyou-kan ryoku" is necessary for beauty work

2

美容室ジプシー

—負のフロービジネス—

美容室ジプシーの割合が高いと
低価格競争に巻き込まれます。
低価格競争で生まれるデメリットとその仕組みを確認し、
どう転換を図るか、考えていきましょう

フロービジネスの象徴・美容室ジプシー。あなたのサロンは大丈夫?

あなたのサロンはフロービジネスでしょうか、それともストックビジネスでしょうか。フロービジネスのシンボル・美容室ジプシー率を調べてみましょう。

お客さまの新規顧客率が20パーセント以下なら顧客ストック化が進み、時代にあった変化ができています。反対に、40パーセント以上だったら危険信号です。低価格競争に飲み込まれていく可能性大です。

負のフロービジネス・低価格競争のワナ

低価格競争の怖いところは、価格を下げた分のコストを埋めるために、予約を詰め込み始めると、まずスタッフが疲弊。技術の低下と、品質の低下につながり、サロンの質を落とすことに。さらに、お客さまにとっても待つ時間が長くなるのに、施術対応してくれる時間が短くなります。ひとりに手間暇をかけていられず雑に

低価格競争はサロンの評判を落とす!?

美容室ジプシー…新規割引を利用した初回利用のみの客

↓

・美容室ジプシー含め新規顧客獲得のため、
他店と比較して割引率を上げる（低価格競争）

・継続的な広告出稿のコスト

↓

広告出稿料、価格割引分のコストを予約・客数増で対応

↓

多忙・スタッフの疲弊

↓

技術と接客サービスの低下

↓

「下手？」「落ち着かない」「待たされる」等、
サロンの評判低下

美容室ジプシーの変化

年齢アップ	サロンの渡り歩き
↓	↓
経済的なゆとり 時間のゆとり	ヘアトラブル
↓	↓

長く通えるサロンを見つけたい

●新規客を獲得するための低価格設定はサロンの品質を落としかねません
●ヘアトラブルや年齢アップによるゆとりがジプシー卒業のきっかけに
●価格ではない価値をつくり、伝えきることでリピーターに変えましょう

なれば、「なんだか下手？」という仕上がりになり、サロンの評判を落とすことになりかねません。美容室ジプシーはまさに負のフロービジネスです。安売りサロンでは生き残れません。

ジプシーたちもリピーターに転向

美容室ジプシーのなかには、美容室を渡り歩くことでヘアトラブルを抱える人も現れるでしょう。あるいは、年齢を重ねるうちに経済的なゆとりや、時間のゆとりが出てくると価値観が変化し、「そろそろ美容室を同じところに決めたいな」と考えるようになるでしょう。いずれジプシーを卒業する人たちに、あなたのサロンのリピーターとなってもらうには、価格ではないサロンの魅力をつくり、伝えきるしか方法はありません。

3

Reason why "kyou-kan ryoku" is necessary for beauty work

美容ビジネスになぜ共感力が必要か

美容ビジネスが社会の変化に対応するには？
フロー型からストック型に転換するには？
それには共感力が必要なのです。

ストック型ビジネスの重要性

フロービジネスのまま集客費用をかけて新規顧客を獲得し続ける努力をするより、リピート客を増やすストック型ビジネスを展開したほうが、はるかに効率的で、継続的に売上が見込めることがわかりました。美容室はストック型をめざして、とにかくリピーターを増やしていくことが収益の安定につながります。

ストック型ビジネスの絶対条件

では、お客さまがリピートする理由は何だと思いますか。例えば、外科手術をロボットがするように、ヘアカットをロボットがするようになったら、はたしてロボットがカットするサロンは楽しいでしょうか。私たちは、かわいい髪型にカットしてもらったり、髪を美しくケアしてもらったり、人にしてもらうから楽しいのです。自分のおしゃれを一緒に楽しんでもらえるから楽しいと感じます。人は楽しいと思うと、その場所にまた来たいと思い、その相手にまた

なぜこれからの美容師に共感力が必要か？

AI の普及（社会変化）

↓

美容師の働き口減少（社会変化）

↓

AI ができない仕事ができる
美容師にならなくてはいけない（社会変化に対応）

↓

AI にできない仕事＝感情労働
気持ちに寄り添うことができるのは人間だけ

↓

共感力を持った美容師は
AI にはない価値を持った働き手

↓

共感力があればお客さまに愛される

↓

愛されれば再来店してもらえる

↓

ストック型ビジネスへ

↓

これからの美容師には
共感力コミュニケーションが必要

ストック型ビジネスの絶対条件

楽しいと思った場所
楽しいと思った人

↓

「また行きたい」
「また会いたい」

↓

リピート

楽しいと思ってもらうには？

↓

共感力接客
（AI にはできない感情労働）

↓

お客さまがリピート

↓

ストック型ビジネスへ

Lesson1-3 Point

- 人は楽しいと思った人やその場所に、再び行きたくなります
- 楽しいと思ってもらうには共感力接客が必要です
- 今後、AI にできない仕事ができる人材が必要になります
- AI にできないこと。それはお客さまの心に寄り添うコミュニケーションです

会いたいと思い、再来店します。

実はここに「共感力」というものがあります。ロボットやAIにはできない、人にしかできない感情を使う接客、つまり共感力に基づいた接客がリピートにつながり、ストックビジネス化に必要不可欠な条件になります。

社会変化対応になぜ共感力？

なぜ社会の変化を先読みすることが共感力と関係あるのかというと、プロローグで触れたように、今後ＡＩが普及すると美容師の働き方に大きく関わってくるからです。美容業界はＡＩが普及するであろう今後の社会変化にいち早く対応しなくてはなりません。ポイントは、美容師はＡＩができない仕事ができるという点です。ＡＩにできない仕事、それは感情労働です。お客さま一人ひとりの「きれいになれて嬉しい」「楽しい」「今日はがっかり」というようないろいろな気持ちに寄り添うことができるのは人間だけです。共感力を持った美容師はお客さまに「この人感じいいわね」「また会いたい」と愛されます。これこそＡＩにはない価値を持った働き手です。

Reason why "kyou-kan ryoku" is necessary for beauty work

4

大きな変化には大きな変化を

―他業界が取り組むストックビジネス―

大きな変化を前にし、大きな変化をして成功した企業、
また、ストック型ビジネスに転換し成長を続ける業界があります。
成功事例から美容業界が取り入れるべきことは何かを探ります。

デジタル化に対応した富士フイルム

『富士フイルム』は言わずと知れた国内のフィルム業界大手の企業です。

デジタルカメラの普及で、2000年頃からフイルムの需要が激減。現在フィルムカメラを使っている人はほとんどいませんが、『富士フイルム』はフィルムカメラが衰退することを見越して、いち早く事業の見直しに着手していました。長年培ってきたフィルム技術を生かし、医薬・医療品、健康食品、化粧品を開発。まったく新しい分野に進出し、収益を安定させました。

『富士フイルム』の事業構造の転換は今では成功事例として広く知られています。カメラのデジタル化という大きな変化に、新分野の開拓という大きな変化で対応し、成功した事例です。

この『富士フイルム』もストックビジネスを始めています。化粧品や健康食品の通信販売において、月ごとに定期的に配送する仕組みをつくり、継続期間や購入額に合わせて割引率を高く設定したり、特典をつけるなど定

フィルム会社の新分野の開拓

デジタルカメラの登場（技術の進化）

↓

フィルムの衰退

↓

フィルムの技術を生かした研究・開発

↓

医療・医薬・美容分野に進出・成功

コア事業の衰退を見越し、いち早く健康、美容という成長分野に新規参入を図って成功。

Lesson1-4 Point

- 主力事業が衰退することを早い段階で見越して、業務内容を見直しました
- 新しい成長分野に目をつけて進出しました
- ストック型ビジネスに切り変えて売り上げアップ

PC ゲームから
スマホゲームに転換

スマホの普及（技術の進化）

↓

老若男女、誰もが持ち歩くスマホに注目

↓

誰もが楽しめるゲーム、
魅力ある課金コンテンツを提供

↓

売上げ大幅アップ

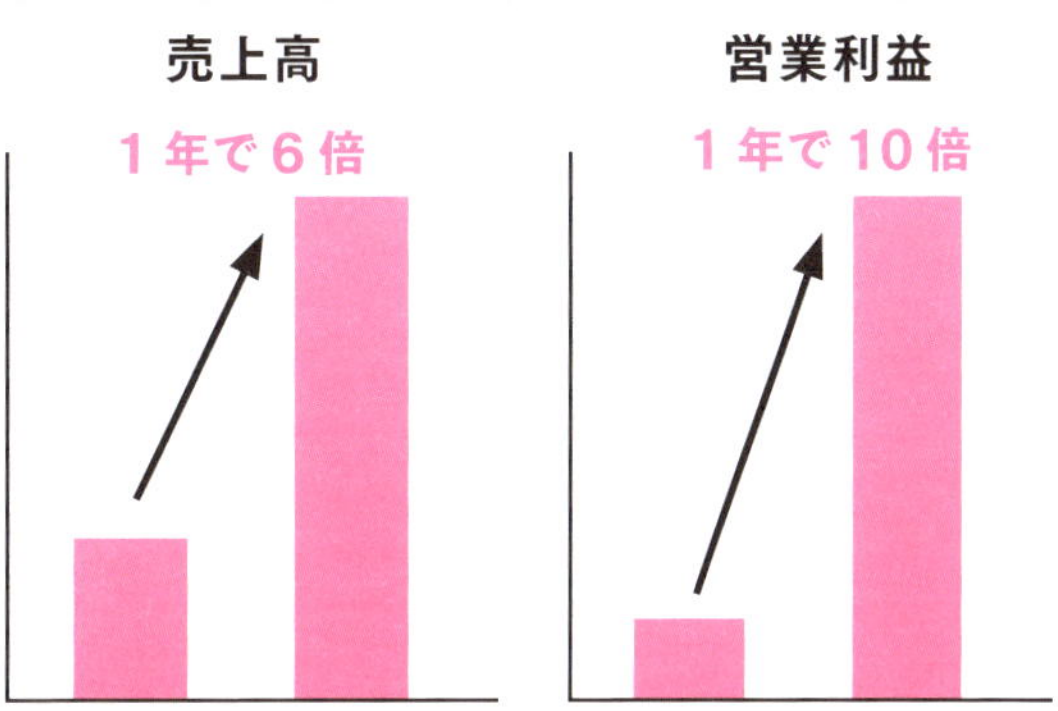

コア事業の衰退を見越し、いち早く新規分野を開拓。買い上げゲーム（フロー型）ではなく、課金システムでストック化して成功。

期的に継続して購入してもらうよう工夫し、顧客のストック化を図っています。

ストック型スマホゲームへ転換

スマホゲーム界に大きな変化を起こしたゲームがあります。運営するゲーム会社は、このスマホゲームを開始してからわずか1年で売上げを6倍、営業利益を10倍に跳ね上げました。

このゲーム会社は、もともとパソコン用オンラインゲームの運営をメインにしていましたが、スマートフォンの普及を見極めてスマホ向けの、それも当時はまだ少なかったアプリ型にして販売し、大ヒットしました。

さらに、売上げを急激に伸ばしたからくりは、アイテム課金にあります。ゲームのなかで利用できるアイテム（追加コンテンツ）を購入してもらうシステムのことで、従来の買い上げ型ゲームと違い、継続して購入し続けてもらえます。つまり、一回の取引でその後何度も購入してもらえるストック型にしたことで急激に収益を伸ばしたのです。

Lesson 1 Let's review

ストックビジネスとは

取引相手から継続して収入を得ることができる。
一度顧客を獲得すれば、常に集客をしないで済み、広告費など維持費を抑えられる。

フロービジネスとは

取引は単発（１回）での売買。

常に集客のための努力をしないと継続的に売上げが得られない。売上げが安定しづらい。

美容業界

- ストックビジネスをめざす
- AI 時代到来の大きな変化に要対応
- リピーターでストック型へ
- AI にできない仕事ができる美容師へ

共感力コミュニケーションが必要

美容室ジプシー

- 取引は初回（１回）。特別割引価格。
- 割引分を客数で補うため、スタッフ疲弊と品質・サービス低下。
- サロンの評判を損なう可能性が高い
- 常に新規客獲得のためにコストが必要。

あらゆる業種・企業がストックビジネスで成功

テクノロジーの進化による主要事業の衰退（大きな変化）

- フィルム需要の激減
- PC ゲームの頭打ち

別分野への転換を図る（大きな変化）

Lesson

美容の仕事に必要な
共感力
とはこんな力

共感力はコミュニケーション能力であり、
ビジネスセンスでもあります。
共感力は努力で鍛えられる力です。
つまり共感力を身につけることは、
ビジネスセンスが磨かれるということ。
なぜ共感力はビジネスで役立つのか、
なぜ鍛えられるのかを見ていきます。

What is “kyou-kan ryoku” ?

1 共感力は愛されるチカラ・人を動かすパワー

「何となくこの人のこと好き。何でも受け入れられる」

まわりにそんな人がいたら、きっとその人は〝共感力〟の持ち主です。

いったい、〝共感力〟とは何でしょうか。

好かれる力のある人・ない人

あなたがずっと行きたかった行列ができるハンバーガー店に行き大満足だったとします。「話題のあのお店で食べたんだ！　すごくおいしかった！」楽しく嬉しい感情いっぱいで友人に話しても、「あーそうなんだー」と興味がなさそうに返されたらがっかりしてしまいます。「ノリが悪いな。なんか嫌な感じ」と、この友人に対する好感度が下がってしまいます。

反対に「えー！　本当？　おいしかった？　並ばなきゃだめなお店でしょ？　へえ！　私も行きたいんだよね！」と、あなたの高揚した気持ちと同じように話を聞いてくれたら楽しいし、嬉しくなります。この友人に対して好感度もグッと上がるはずです。実はこの友人。ある力を発揮して、自分の好感度を上げたのです。

共感は誰かと感情を分かち合うこと

共感はひとりでは成り立たない

喜

お互いに同じ感情を持つ

悲

〝共感力〟って？

この友人が発揮した力が〝共感力〟です。〝共感〟とは別の個人が、似たような状況に対して、似たような感情を持つ状態のこと。そして、この共感の状態を招く力こそ、人を楽しい気持ちにさせて、自分自身も好かれる〝共感力〟なのです。

共感は誰かと感情を分かち合うこと

共感とは〝共に〟〝感じる〟こと。ふたり以上の人がお互いに同じような感情を持つということです。この〝お互いに〟という前提が大事です。なぜならひとりでは〝共感〟は成り立たないからです。基本的に共感とは、自分以外の誰かと感情を分かち合うことなのです。

間違いやすいのは共感と同感

同感と共感は違います。同感は〝同じことを感じる〟こと。例えば、「それ私も好き！

共感と同感の違い

共感　相手目線で、相手の気持ちをトレース（なぞる）すること

相手のことをもっと知りたいという気持ちがあって、初めて共感できる

好きなの？
おいしいよね。

同感　同じことを感じること

自分目線で感じ、自分の話をしてしまうのは同感。

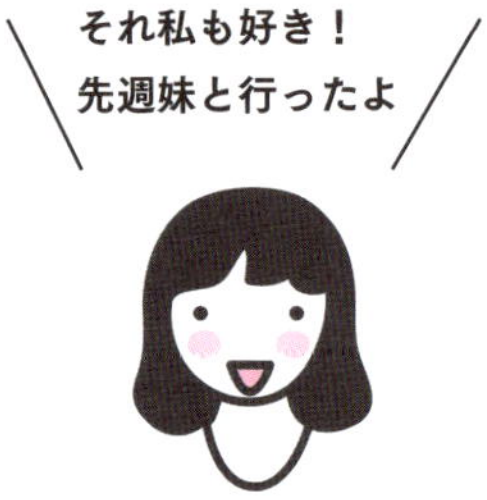
それ私も好き！
先週妹と行ったよ

先週妹と行ってきて……」と、自分目線で話をしてしまうのは同感です。

共感は相手目線で、相手の気持ちをトレース（なぞる）すること。「この人はなぜこれが好きなのか」「なぜ並んでまで食べたのか」と、相手のことをもっと知りたいという気持ちがあって、初めて共感できます。

相手に〝共感する力〟と〝共感させる力〟

共感力は2種類あります。ひとつは〝相手に共感する力〟。そしてもうひとつは〝相手を共感させる力〟です。先のハンバーガー店の話の友人は〝共感する力〟を使いました。友人が共感する力を持った人だったから、あなたはおしゃべりを楽しめました。

人は本能的に人と仲良くなりたいという親和欲求を持っています。誰でもパーティではひとりでいたくないものです。誰かと仲良くなりたい、グループに入りたいと思うのは、この親和欲求です。この親和欲求を持っているから、共感されると嬉しくなって、相手を好きになるわけです。

2種類の共感力

共感力は共感する力と共感してもらう力の2種類がある。

共感してもらう力

お客さまに行動をうながす力

↓

- 提案を通す
- 購入してもらう
- また来てもらう

共感する力

お客さまの心に寄り添う力

↓

嬉しくなる（親和欲求）

↓

- 愛される
- ごきげんになってもらえる
- また来てもらえる

では、〝共感してもらう力〟とはどんなものでしょう。〝共感する力〟はあなたのことを動かしますが、〝共感してもらう力〟は〝人を動かす力〟です。

相手に何かを感じると人は動く

私は長年〝人を動かす〟仕事をしてきました。広告代理店では、広告を通じてものを買うように、人を動かすことが仕事でした。その後、ピアノ教師、ウエディングプランナー、専門学校の教師など、どれも〝人を動かす〟という点では共通していました。コンサルティングの仕事をしている今も、研修やトレーニングでは〝いかに人を動かすか〟について伝えています。

こうした職業経験の中で、はっきりとわかったことがあります。それは、〝相手に何かを感じると人は動く〟ということです。つまり人は感情です。

喜び、怒り、悲しみ、感じることが何にせよ、とにかく相手に何かを感じれば、次にアクションを起こします。その〝感じる〟の一番シンプルな感情が、〝好き〟〝嫌い〟です。

お客さまは好きか嫌いかで判断する

お客さまに好かれれば、商品を購入、提案に応じるなど、あなたの意見を受け入れて動く。嫌われれば、商品不買、提案を拒否。再来店も見込めない。

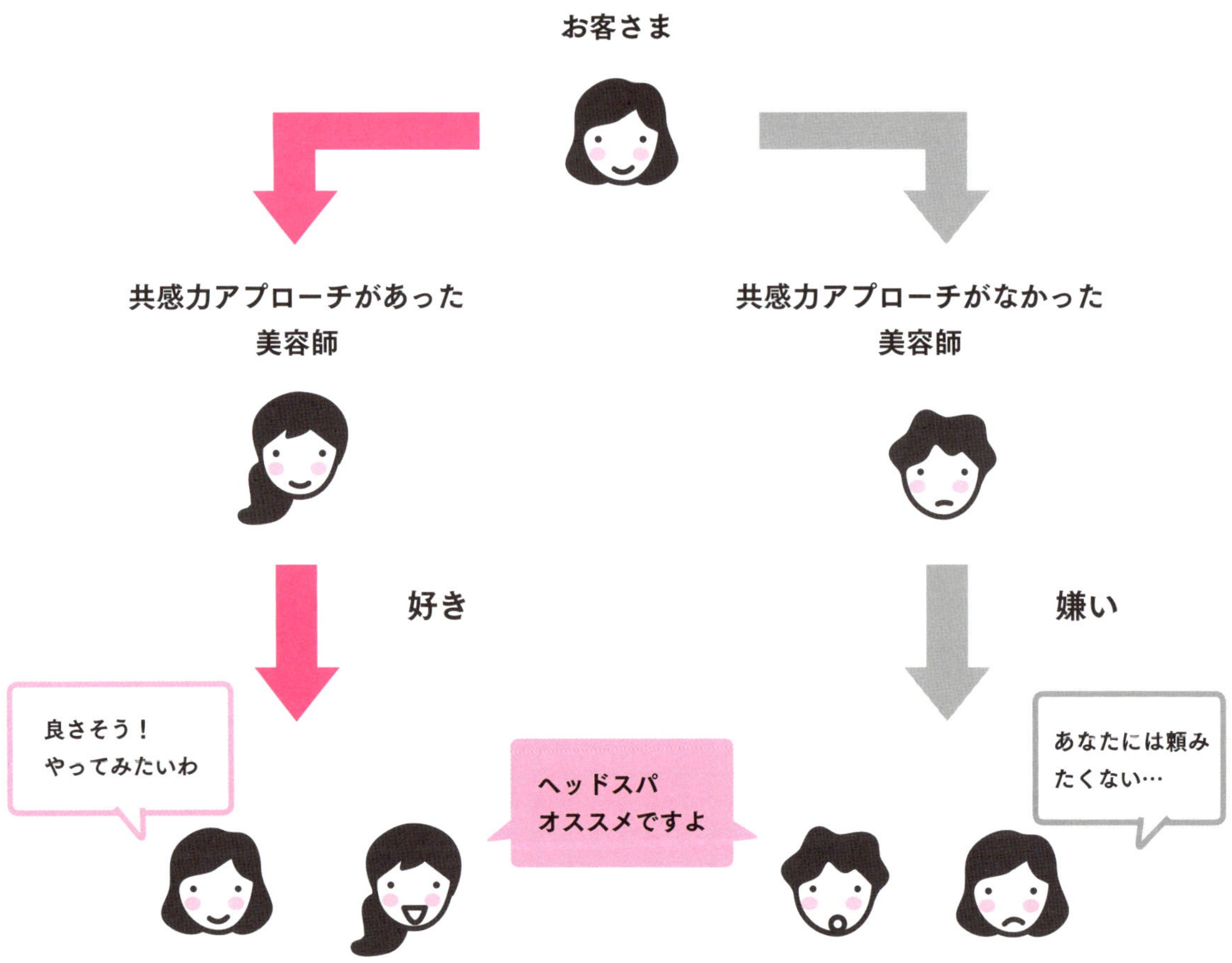

好きな店員がすすめれば買いたくなる

人は好き嫌いで行動します。あなたがお客さまに好かれれば、「このシャンプーは髪質にぴったりですよ」とすすめた物を買ってもらえたり、「ヘッドスパがおすすめですよ」という提案を受け入れてもらえたり、おすすめした通りに「良さそうね」「それをいただこうかしら」と動いてもらえます。嫌われれば、提案を受け入れないどころか、怒らせたり、批判されたり、黙って離れていったりします。

実は人が物を買うとき、商品そのものの良し悪しではなく、商品が好きか嫌いか、人に対して好きか嫌いかで購入を決定しています。

なかにはまったく同じ提案をしても、お客さまに受け入れてもらえるスタッフと、断られるスタッフがいます。同じミスをしても、許されてしまうスタッフとすごいクレームになってしまうスタッフがいます。この違いは、まさにお客さまの好き、嫌いの違いです。

こんな美容師には頼みたくない！

「どんな美容師には頼みたくないか？」のアンケート調査

技術面 3割

- 下手な美容師
- シャンプーが乱暴な美容師
- ニュアンスが伝わらない（勉強不足）

お客さまが求めているのは、気持ちのいい接客。再来店してもらうためには、愛される接客が重要。

接客面 7割

- 感じが悪い
- 冷たい感じ
- 居心地が悪い
- えこひいきする人
- 話を聞いてくれない人
- ダサい人
- 頭が悪そうな人
- 髪が傷んでいる人

Lesson2-1 Point

- 共感する力は、相手の気持ちに寄り添う力。相手に愛される力です
- 共感してもらう力は、相手に行動させる力。提案を受け入れてもらう力です
- まずお客さまに共感して愛され、お客さまに共感してもらって行動をうながします
- 愛される接客が、再来店のカギを握ります

どんな美容師がお客さまに嫌われる？

ここに「どんな美容師には頼みたくないか?」というお客さまアンケートの結果があります。まずは、下手な美容師。それからシャンプーが乱暴な美容師。ニュアンスが伝わらない美容師（勉強不足）。あとは、感じが悪い、冷たい感じがする、居心地が悪い、えこひいきする人、話を聞いてくれない人、ダサい人、頭が悪そうな人、髪が傷んでいる人などいろいろあります。

〝頼みたくない美容師〟ということは、つまり〝こういう美容師は嫌い〟という意味です。お客さまに嫌われたら、提案を聞いてもらえませんし、再来店も望み薄です。

技術よりも接客が再来店のカギだった

さて、このアンケート結果ですが、はじめの3つは技術について、後は全部接客に関する内容でした。このことから不満やクレームは大方、接客からくるということが導き出されます。

技術はもちろん大事です。プロとして技術を磨くのは重要なことですが、大半のお客さまが無意識に求めているのは、気持ちのいい接客です。

再来店してもらうためには、お客さまに嫌われないこと、接客面で好かれること。接客面の比重が想像以上に大きいことが、このアンケートからわかったと思います。

What is "kyou-kan ryoku"?

2

お客さま一人ひとりの感情に共感力でアプローチ

共感力が何かがわかったところで、

共感力をフル活用するポイントを押さえましょう。

一人ひとりに合わせたレッスン

私が会社から独立し、最初に始めた仕事がピアノ教室です。賃貸アパートの四畳一間を借りて開いた教室でしたが、「子どもが喜んで通う」「毎回やり方が変わるレッスン」と評判を呼んで、たくさんの生徒が集まり、何年も通い続けてくれました。

なぜ、そんな狭い部屋で始めたピアノ教室が成功したかというと、当時のピアノ教室は決まったカリキュラムで、どの子どもに対しても同じように教えるレッスンが主流でした。そんななか、子どもたち一人ひとりの興味や、その日によって異なる気分を見極めながらレッスンを行ないました。例えば、この子にはこの話題、この子はおっとりしているからゆっくりと、今日はクリスマスだから軽快なクリスマスソングをと、その時々で、一人ひとりそれぞれに一番ぴったりくる教え方はどれかを考え、毎回やり方を変えて教えるようにしたのです。

すると、じっとしているのもままならない小さな子たちが楽しそうにレッスンを受けて、喜んで通ってくれるようになったのです。

共感力を最大限に引き出すには、人それぞれの感情を知る

お客さまの一人ひとり異なる感情を理解し、共感する。共感アプローチをして、お客さまを動かす。

Lesson2-2
Point

- 共感力を最大限に引き出すには、人それぞれの感情を知ることが大切です
- 共感力はお客さま一人ひとりの感情にフィットさせることで、最大限に発揮されます
- 誰に対しても同じ接客ではなく、お客さまの感情に合わせたアプローチをすれば、サロンを気に入り、スタッフの提案に納得し、サロンのリピーターになってもらえます

ここで、私は人に共感し、共感させる〝共感力〟に気づき、その効果を目の当たりにしました。そして、ひとつの答えを導き出しました。それは、「共感力を最大限に引き出すには、人それぞれの感情を知ることが大切だ」ということです。これが、共感力をフル活用すればビジネスは成功すると感じた、一番のきっかけです。

一人ひとりの感情にフィットさせる

人にはそれぞれ感情があります。子どもからお年寄りまで、年代によっても、職業によっても、性別によっても感情は異なります。さらにいえば70億人の人それぞれ千差万別で、無限大です。感情は日によっても、時間によっても変化します。だからこそ、目の前のお客さまひとりの、今ある感情に寄り添うことに価値があるのです。それが好き嫌いをつくるのです。

今はコンサルティングの仕事をしていますが、何よりお客さまである経営者や研修を受けるスタッフのその時々の感情を理解し、その感情にフィットしたアプローチをすることを徹底しています。

感情を理解する＝共感する、感情にフィットするアプローチをする＝共感させて動かす。それによって、まちがいなくコンサルティングの成果を得られて、研修の効果を高められるからです。

感情にフィットした接客でリピーターに

美容ビジネスにおいても、共感力をフル活用すれば必ず成功するはずです。

サロン経営をするうえで、お客さま一人ひとりの感情を理解し、その感情にフィットしたアプローチをすればまちがいなく、お客さまはサロンを気に入り、スタッフの提案に納得し、サロンのリピーターになってもらえます。

共感力を身につければ、お客さまに愛されるスタッフ、愛されるサロンに導くことができるのです。

What is "kyou-kan ryoku"?

3 共感力は相手の本意をくみ取る〝想定能力〟

共感は、相手のことを想定することから始まります。
想定する意味と想定の元になる知識について考えます。

共感は相手を想定することから

はじめに共感とは〝共に〟〝感じる〟ことだとお話ししました。相手と同じ感情を感じるということは、相手の気持ちになるということです。相手の気持ちになる時、あなたは何をするでしょうか。きっと相手の気持ちを想像すると思います。

「話題のあのハンバーガー店で食べたんだ！すごくおいしかった！」という話を聞いて、「最近できたあの話題の店だ」「何時間も並んだのかも」「何を注文したのかな」など、いろいろと相手がしただろうことや考えていることを想定することで、相手の心をくみ取り、聞いてほしいことと思っていることを聞いてあげる、それにより同じ気持ちを共有できるわけです。つまり、共感力は想定する力、想定能力にかかっています。

想定するには〝知識〟が必要

ここで大事なことがひとつあります。それは、そのハンバーガー店を知っていないといけない

共感力は想定能力

相手の行動や考えていることを想定することで、相手の心をくみ取り、感情に寄り添うことができる。

➡ **共感力を発揮**

共感力を支えるのは知識

提案力

↑

共感力

↑

想定能力

↑

知識

- 一般的な教養
- 最新の情報
- お客さまのこと
- 技術・メニュー
- 商品知識などあらゆること

感情

（Lesson4-5）

共感力はビジネスセンス

豊富な知識があれば、精度の高い想定ができ、感情に寄り添ったベストな提案ができるようになる。

●共感する力は、想定する力から生まれます
●想定する力は知識量に比例します
●お客さまに対する共感力はビジネスセンスです

ということです。〝最近オープンした、並ばないと食べられない、よそでは食べられないと評判のハンバーガー〟という知識があったからこそ、相手がどれだけ貴重な体験をしてワクワクしているかを想定することができました。

想定する力と共感力を支える知識

ある一流旅館の女将が、接客の極意は何かと聞かれた時、〝知識です〟と即答したそうです。接客でいう知識とは、一般的な教養もそうですが、いわゆるトレンドの情報も、お客さまのこともひっくるめて全てが〝知識〟です。

共感力と想定能力を支えているのは、圧倒的に知識です。確かにもともと共感力が高い人はいますが、共感力は努力して知識を増やせば、身につけられる能力なのです。

豊富な知識でもって精度の高い想定ができれば、お客さまに共感でき、その心の奥にある悩みや望みに気づき、その人にとってベストな提案を示せます。知識で支えられる共感力は、仕事においてはビジネスセンスでもあるのです。

Lesson 2　Let's review

美容の仕事に必要な
共感力

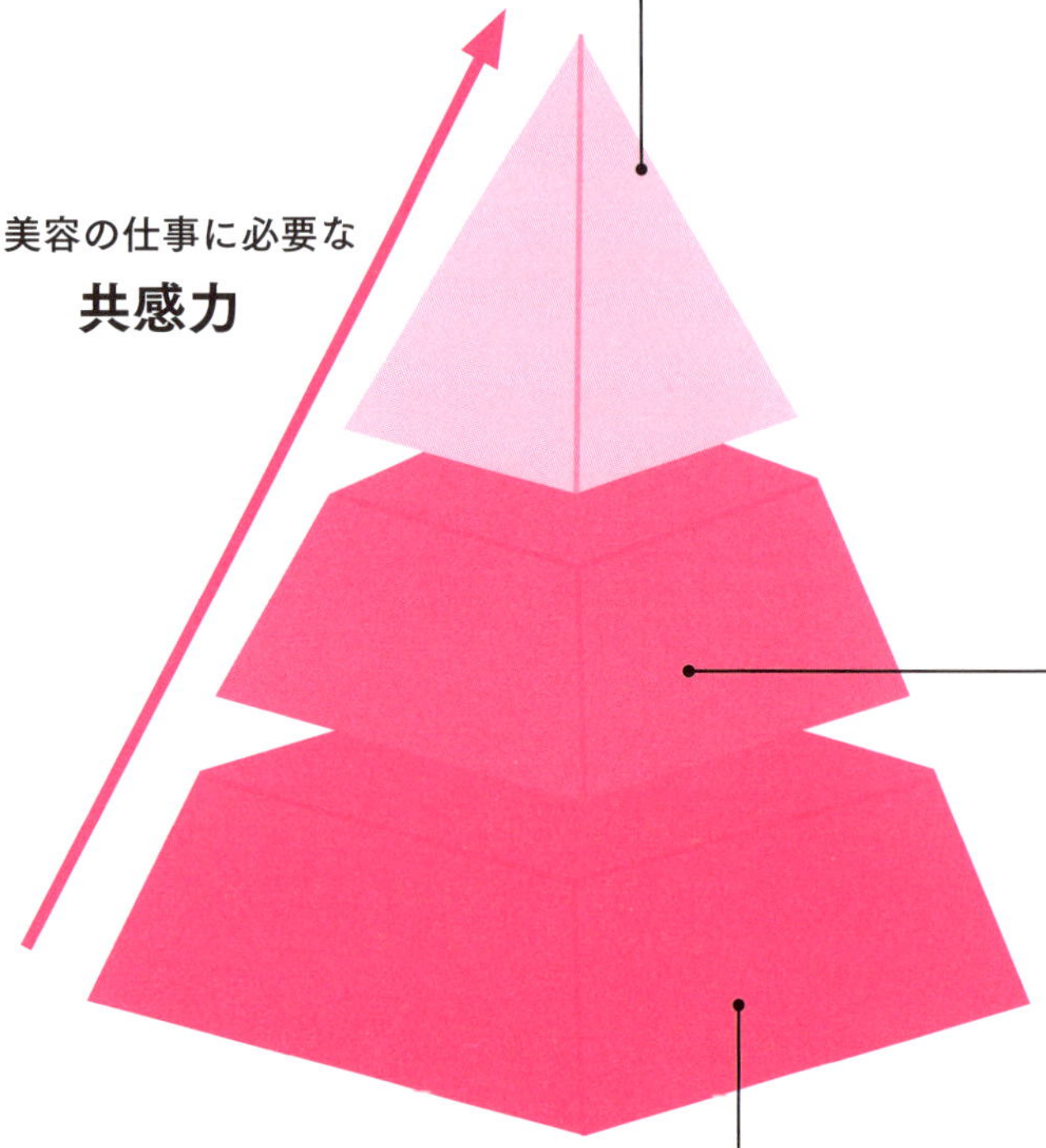

感情のパレット

想定したことから、今、目の前のお客さまが求めていることと、悩み、感情に寄り添う。お客さまがきれいになることを一緒にめざす、喜ぶ。

↑

想定

お客さまに関する知識を元に、今、目の前のお客さまの健康状態や感情、今、何を悩んでいるのかについて考えをめぐらせる。

↑

知識と分析

技術面、メニューと商品知識、一般的な教養、トレンドの情報、ニュース、お客さま一人ひとりの情報（髪質、クセ、ライフスタイル、好み、職業、趣味など）等あらゆること。知識は努力で身につけられる。

↑

観察・ヒアリング

提案

共感力を発揮してお客さまに好かれることで、商品を購入、提案を受け入れるなど、あなたの意見を受け入れて動く。

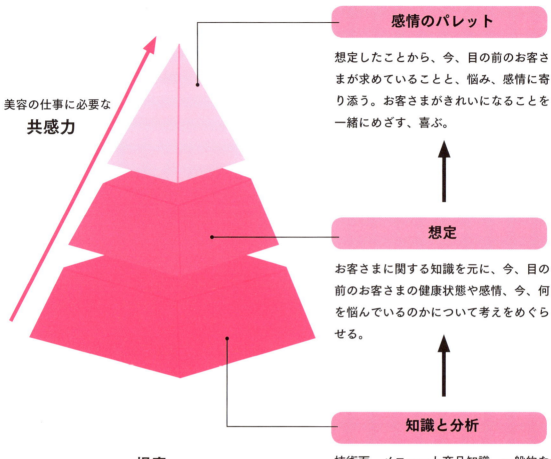

memo

Lesson 3

共感力を身につける絶対条件

共感力を身につけるには、共感力の仕組みを学ぶことが
第一歩です。それは、〝感情の伝染性〟です。
それを知ることで、共感力コミュニケーションの
〝ごきげんでいることの価値〟をしっかりと理解できます。

1

An absolute requirement to acquire "kyou-kan ryoku".

共感力に欠かせない〝ごきげん〟とは

共感力コミュニケーションは、

〝感情の伝染性〟を前提にして交わされます。

感情をうつし合うミラーニューロン

共感力コミュニケーションにおいて、〝ごきげんでいること〟がどれだけ大切なのかについて説明します。私たちは日頃、仕事についてはもちろん、家族のこと、健康のこと、お金のこと、人間関係など、悩みをたくさん抱えています。誰にでも悩みはあります。そんななかみなさんは、職場でごきげんですか。

ごきげんに仕事をしていますか。

ごきげんでいることを意識していますか。

お客さまに好かれるためには、ごきげんでいることが何より重要です。なぜなら、脳にあるミラーニューロンの働きで、あなたがごきげんでいれば、お客さまもごきげんになり、あなたのことを好きになってくれるからです。同様に、あなたのごきげんは同僚や、上司にもうつります。

脳にある神経細胞が感情を伝染させる

高等動物の脳には、ミラーニューロンという神経細胞がある。
ミラーニューロンの働きにより、人に感情をうつし合っている。

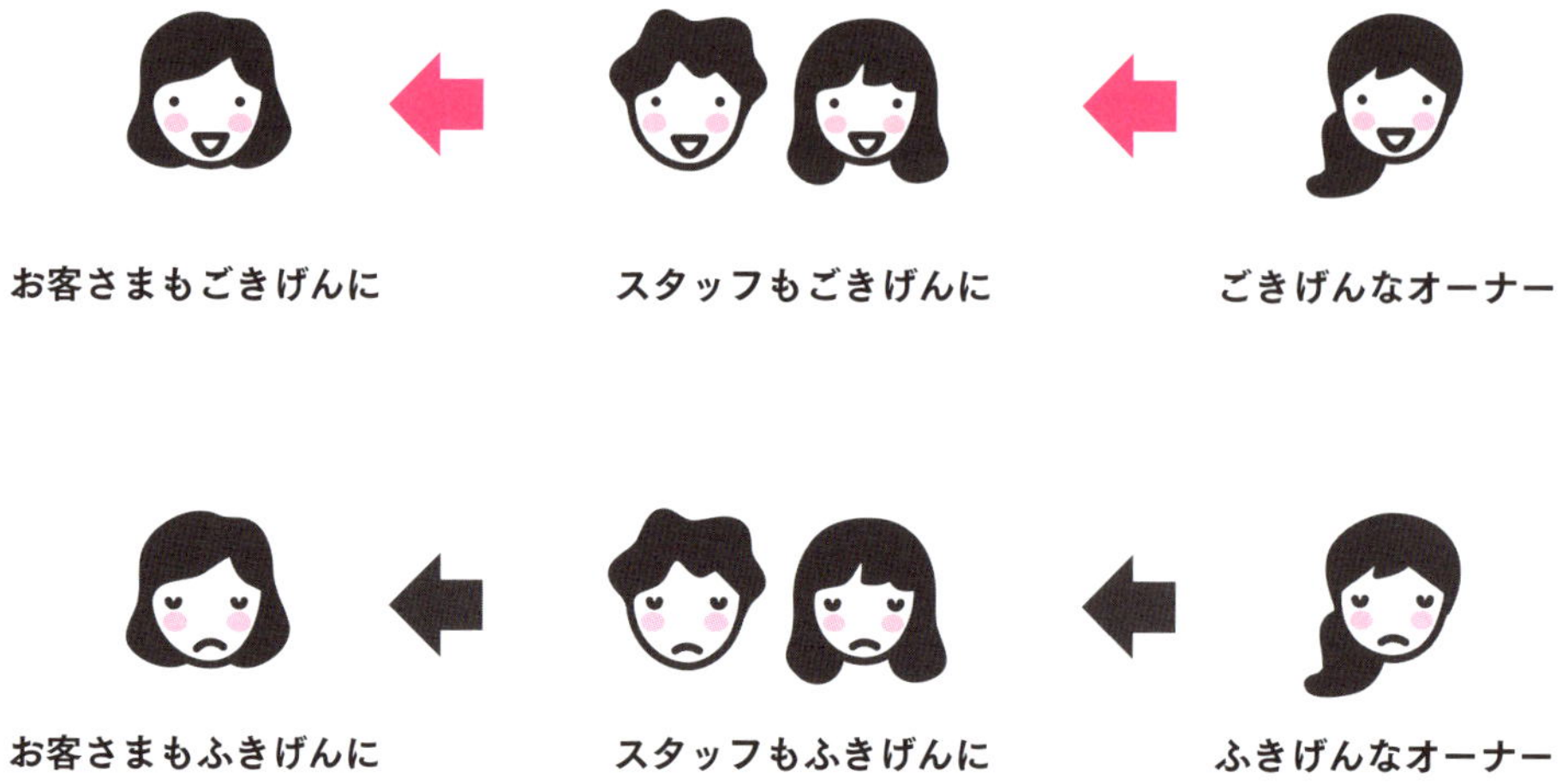
お客さまもごきげんに
スタッフもごきげんに
ごきげんなオーナー
お客さまもふきげんに
スタッフもふきげんに
ふきげんなオーナー

心のなかに、ムカムカやイライラを持って接客していると、
隠しているつもりでもミラーニューロンが働いて、
お客さまは敏感に感じとる。

↓

「また来たい」と思われない

お客さまの感情を注意深く読みとる

皆さんが働くサロンとは、お客さまにとってどんな場所でしょう。お客さまはどんな感情を持って、来店されるのでしょうか。「キレイになれるかな」、「トレンドに追いつけるかな」、「新しい自分になれるかな」、「ようやく白髪から解放される」など、ワクワクする期待感を持っているはずです。

一方で、「今春のトレンドのスタイルは私の顔には似合わない」、「こんな髪質じゃ、どうにもならない」、「薄毛を人に見られるのは嫌だな」などのドキドキした不安感も同時に持っているでしょう。

サロンはお客さまにとって、期待と不安の入り混じった舞台であることを忘れてはいけません。

自分のごきげんでお客さまをごきげんにする

お客さまのワクワク（期待）やドキドキ（不安）を皆さんは、どんな気持ちで受け止めて

サロンはお客さまにとって、期待と不安の入り混じった舞台

美容室を訪れるお客さまはワクワクする期待感と
ドキドキする不安感を持って来店する。

ワクワクする期待感

「キレイになれるかな」

「トレンドに追いつけるかな」

「新しい自分になれるかな」

「ようやく白髪から解放される」

ドキドキする不安感

「今春のトレンドのスタイルは
私の顔には似合わない」

「こんな髪質じゃ、どうにもならない」

「薄毛を人に見られるのは嫌だな」

↓

お客さまの感情を注意深く想像する。
感情を受け止める。

Lesson3-1
Point

- ●人は脳にあるミラーニューロンの働きによって感情が伝染します
- ●来店したお客さまを注意深く観察して、期待感と不安感を受け止めましょう
- ●スタッフのイライラは即座にお客さまに伝わります
- ●ふきげんなスタッフがいるサロンに、また来たい、また頼みたいとは思いません

いますか。お客さまの感情を注意深く想像して、受け止めていますか。

「もう6連勤だ」とか、「今日もお昼抜きだった」、「この生えグセやりにくい」、「髪型のニュアンスがわからない」、「このお客さまは途中から言うことが変わるんだよな」とか、最初から心の中のどこかに、ムカムカやイライラを持って接客していませんか。あなたの、そのイライラやムカムカは、どんなにきちんと隠しているつもりでも、即座にミラーニューロンが働いて、お客さまにすぐに伝わってしまいます。お客さまは敏感に感じます。そんな〝ふきげん〟な感情を持って、施術しているスタッフがいるサロンに、また来たい、また頼みたいとは誰も思いませんね。

ワクワク、すなわち〝ごきげん〟はうつります。でも、注意が必要なのは、ムカムカ、イライラすなわち〝ふきげん〟はもっとうつるということです。

An absolute requirement to acquire "kyou-kan ryoku".

2 ふきげんはマナー違反

〝感情の伝染性〟から、マナーにおいてのごきげんとふきげんを考えます。

マナーの第一歩は〝自分がごきげん〟

学生の時も、サロンに入店してからも、ビジネスマナーについては何かしら勉強してきたはずです。お辞儀の仕方や挨拶の仕方、名刺の渡し方にお茶の出し方など……。マナーとはいったい何なのでしょう。

マナーとは、相手に不快な思いや経験を与えないための考え方や行動です。相手を不快な思いにさせない、これがマナーの基本です。であるなら、マナーの第一歩は〝自分がごきげん〟でいることです。

病はうつさないようにするのがマナー

ミラーニューロンの働きで感情は簡単にうつります。自分が人前でふきげんでいるだけで、まわりにいる人は自然にふきげんになってしまうのです。不快な気分になってしまうのです。

誰でも風邪をひけば、人前に出る時はマスクをします。インフルエンザの疑いがあればなおさらです。人にうつるとわかっていて、咳をしたりくしゃみをしたりすることは控えます。

もし、伝染性の強い病気の人がマスクもせずに人前に出てきたら、皆みけんにシワをよせて、離れていくことでしょう。それが常識です。

多くの人が〝感情の伝染性〟に無自覚

ところが、人前でふきげんでいる人は少なくありません。ふきげんという感情は簡単にうつってしまうのに、うつしている人もうつされてしまった人も、そのことに気づいていないことが多いのです。

あたりまえのことなのに意外に知られていないことが、〝感情の伝染性〟なのです。感情はマスクをしなくても、その場にいればあっという間にうつってしまいます。人前でふきげんでいることほど、はた迷惑なことはありません。人前でふきげんでいることほど、マナーに反していることはありません。

マナーの第一歩は〝自分がごきげん〟

マナー ＝相手に不快な思いや経験を与えないための考え方や行動

マナーの基本 ＝相手を不快な思いにさせない

マナーの第一歩 ＝〝自分がごきげん〟でいること

〝感情の伝染性〟とマナー

感情はマスクをしなくても、
その場にいる人にあっという間にうつってしまう

↓

人前でふきげんでいると、ふきげんをうつす

↓

人を不快な思いにさせる
人に不快な経験を与える

＝マナー違反

- 人前でふきげんでいることは、まわりを不快な思いにさせます。これはマナーに反しています
- 〝感情の伝染性〟によりふきげんな感情は簡単にうつります。病はうつさないようにするのがマナーです
- イヤイヤ、ムカムカ、イライラしながら仕事をすると、そのふきげんが全て相手やまわりの人にうつります

イヤイヤ仕事は人をふきげんにする

多少お辞儀の仕方がぎこちなくても、敬語が不自然でも、人はふきげんにはなりません。一生懸命、熱意を持って仕事をしている人には不快感を持ちません。それは一生懸命という感情、熱意という感情が伝わってくるからです。

しかし、イヤイヤ仕事をしている、ムカムカしながら仕事をしている、イライラしながら仕事をしていると、そのふきげんさは、すべて相手にうつってしまいます。

おおげさに言えば何の罪もない人があなたのふきげんで、あっという間にふきげんにされてしまうのです。不快な気持ちにされてしまうのです。

An absolute requirement to acquire "kyou-kan ryoku".

3 ごきげんでいると自分へのごほうびもたくさんある

ごきげんでいることは仕事のためだけでなく

自分のためになることがたくさんあります。

自分が得するごきげんの価値を学びましょう。

ごきげんがくれる自分へのごほうび

自分のごきげんがお客さまにうつる
自分のふきげんもお客さまにうつる

自分がどんな感情で仕事をするかによってお客さまの感情も変わり、やがてそれは〝お客さまに好かれる〟ことにつながります。

実は、ごきげんでいることのメリットはそれだけではありません。ごきげんでいると、自分自身にもたくさんのごほうびがあるのです。仕事中だけでなく、いつでもごきげんでいられる〝ごきげん習慣〟を身につけると、自分にとって良いことをたくさん得られるようになります。

ごきげん習慣で得られる代表的な４つのメリットをご紹介しましょう。

①学習能力が上がる

ごきげんな状態で学習をすると、理解が深まり学習効果が高くなります。同じ課題でも、イライラ、ムカムカのふきげんな状態で学習するのと、ワクワク、ドキドキのごきげんな状態で勉強するのとでは、成果がまったく異なります。

ごきげん習慣で得られる4つのメリット

①学習能力がグングン向上
ごきげんな状態で学習をすると、理解が深まり学習効果が高くなる。

②記憶力が驚くほどよくなる
きげんがよい時には効率よく記憶できて忘れにくい。記憶力がもたらす親近感はお客さまだけでなく、家族や友人との人間関係にも役立つ。

③代謝率アップでキレイに
ごきげんな精神状態は、身体の細胞を活発にし、代謝率を高める。顔色、肌、髪が健康で美しくなり、お客さまの信頼につながる。

④免疫力アップで病気知らずに
人が笑う時、体内の病気の素を攻撃してくれる化学物質を生むため、免疫効果が高まる。スタッフの病欠が少なくなる。

ごきげんなスタッフのメリットは、結果的にはサロンのメリット

一日の仕事を終えた後のカット練習も、「ああ、クタクタ。まだ練習をやるの？　嫌だ。嫌だ」という気持ちでシザーズを持つのと、「今日こそ、時間内に課題のカットができるようになろう！」という前向きな気持ちで取り組むのとでは、技術の習得時間や技術の質に大きな差が生まれます。「どうせ勉強するなら、ごきげんに勉強する！」この思考習慣を持つと未来が変わってきそうですね。

②記憶力が上がる

お客さまに好かれる美容師に共通することのひとつに、お客さまのことをよく覚えている、ということがあります。ヘアスタイルのことだけでなく、飼っている犬の名前とか、行きつけのカフェの名前とか、お客さまが大切にしていることを覚えていると、それだけでお客さまはごきげんになってくれます。自分についての記憶が多ければ多いほど、自分に興味を持ってくれていると感じるからです。

この記憶力がもたらす親近感はお客さまだけでなく、家族や友人との人間関係にも役立ちます。最近では誕生日をSNSが知らせてくれますが、さすがにパートナーが好きなミュージ

ごきげんな時に購入意思が高まる

ごきげんな時
買い物という行動に対して
肯定的になる

↓

お客さまがサロンでごきげんに過ごしてもらえるように気配りをすれば、オプション商品の売上げアップ！

お客さまがサロンでごきげんに過ごすと得られる効果

①スタッフを好きになってくれる
②商品の購入率が高まる

トリートメント、ヘッドスパ　ほか

＋

メニューのランクアップ
＝オプション商品の購入率が高まる

シャンのライブの日や、結婚記念日や初デートの日などは、自分で覚えるしかありません。こうしたことを覚えている記憶力は人間関係をスムーズにしてくれる大事な能力です。

その記憶力も、きげんが良い時には簡単に覚えられて忘れずにいられますが、ふきげんな時に得た記憶はすぐに忘れてしまう傾向があります。いつもごきげんでいると、自然に記憶力が高まるのであれば、ごきげんでいるに越したことはありません。ここにもごきげんのすすめがあります。

③代謝率が上がる

美容師は文字通り、人の〝美しさ〟をつくり上げる仕事です。お客さまは美容師に何を求めるでしょうか。自分をきれいにしてくれる技術やセンスはもちろん、美容師自身が美しくて魅力的なこともお客さまの信用を得るために必要なことです。特に、これからの美容業界はヘアスタイルからヘアケアの時代に進んでいきます。髪や肌が持つそのものの美しさに価値が問われるようになるのです。

当然、美容師も肌のツヤ、髪のツヤを維持していないとお客さまにとって説得力のない美容師になってしまいます。そのツヤ感を維持するのが、〝代謝率の高さ〟です。簡単にいえば新しくて元気な細胞をたくさんつくる力、それが代謝です。その代謝率を高めるのも実はごきげんが関係しているのです。

ごきげんな精神状態でいると、身体もごきげんに機能し始め、身体の中の細胞工場が活発に動き出します。結果として、新しい肌、元気な髪が生まれ、見た目の輝きがあふれてきます。

一方、ふきげんでいると細胞の動きもノロノロで、肌にくすみが生まれ、髪もパサパサになっていきます。ごきげんは、美容の原点ということもいえます。ごきげんは美容師の基本です。

④病気にかかりにくくなる

多くのサロンは人手不足があたりまえのような状態です。お昼休みをとるのも大変なくらい、シフトはギリギリのスケジュールでまわっているのではないでしょうか。

そんななか、一番困るのはスタッフの病欠。インフルエンザや風邪、食中毒など、急な病気の欠勤はサロンの現場をさらに忙しくします。

どんなにごきげんを試みても、毎日2人分の仕事をこなしていては、だんだん笑顔もどこか

オプションメニュー購入の1番のメリットはお客さま自身のキレイ

お客さま自身のメリット
トリートメント、ヘッドスパの購入でキレイになる

サロンのメリット
売上げUP

購入意思が高まるごきげんな状態になってもらうことが大切

に消えていきます。スタッフがいつも元気なサロンこそ、ごきげんなサロンです。

その〝元気〟も実はごきげんで得ることができます。人が笑う時、身体の中ではさまざまな化学反応が起き、体内の病気の素を攻撃してくれる化学物質を生んでいきます。つまり、笑うことには、免疫効果を高める力があるのです。くよくよしても仕方のないことでくよくよしていると、身体の免疫力は著しく下がり、病気にかかりやすくなります。結果、そういうスタッフが多いサロンは、最終的にごきげんとは縁のないサロンになってしまいます。

ごきげんは、健康の基本である、ということも覚えておきましょう。

以上のように、ごきげんでいることは、仕事だけでなく、自分自身にもたくさんのメリットがあります。ごきげんでいないともったいないですね。

お客さまを動かす〝ごきげん〟の効果

ごきげんの効果はまだまだあります。お客さまがサロンでごきげんに過ごすと、どんなメリットがあるのでしょう。

まずひとつに、お客さまがスタッフやサロンを好きになってくれること。このことによって、お客さまはリピーターになってくれます。

そして、お客さまの商品の購入率が高まるということ。トリートメントやヘッドスパ、さらには、それぞれのオプション商品の購入率が高まるという効果があります。特に商品が高額であればあるほど、買い手の感情に左右されることがわかっています。

高額な商品の購入は、ふきげんな状態で決心をすることができません。ごきげんな時こそ買い物という行動に対して肯定的になり、購入の決心を促します。お客さまがサロンでごきげんに過ごしてもらえるように気配りをすることは、最終的にはオプション商品の売上げにつながるのです。

ごきげんなきオプション販売はない、ということを覚えておきましょう。

〝見えない商品〟だからこそごきげんな状態になってもらう

ヘアスタイリングでは、施術の終わりに形が

美容は無形商品

無形商品とは

効果（実物）を手にとってみることができない商品

↓

美容のカットやヘッドスパ施術も無形商品

無形商品を購入する場合、高額であるほど慎重になる

↓

購入意思が高まるごきげんな状態になってもらうことが大切

見えます。それも、家に帰ってシャンプーをしてしまえば、自分流のヘアスタイルに戻ります。ヘアカラーも、一週間後、一カ月後、どんな状態になるのか、その時にはわかりません。ヘッドスパはその時点でも爽快感はありますが、抜け毛や代謝効果などは、後にならないとわかりません。トリートメントしかり、エステしかりです。

- ごきげんでいれば、仕事ができるようになり、お客さまに好かれ、キレイになり、健康になります
- お客さまがサロンでごきげんに過ごすと、購入意思が高まりオプション商品の売上げがアップします
- オプション商品の購入は何より、お客さま自身のキレイのため。これはスタッフにとっても、サロンにとっても、お客さまにとってもよいことです

効果（実物）を手にとってみることができない商品、それを無形商品といいます。無形商品を購入する場合、それが高額であればあるほど、購入することを不安に感じます。慎重になります。だからこそ、購入意思が高まるごきげんな状態になってもらうことが大切なのです。

ヘッドスパやトリートメントはサロンにとっては売上げというメリットがありますが、一番のメリットはお客さま自身のメリットです。

トリートメントをすればキレイになり、キレイと言われ、キレイを楽しめ、そのことでさらにキレイになります。ヘッドスパをすれば、顔のたるみが緩和されたり、全身の代謝が上がり、肌も髪もつややかになります。キレイになります。お客さまがより輝くためには、キレイの決心……つまりオプションメニューを申し込んでもらうのが一番です。

そのためにも、お客さまにごきげんでいていただくこと。これがスタッフにとっても、サロンにとっても、そして何よりお客さまにとってよいことなのです。

An absolute requirement to acquire "kyou-kan ryoku".

4 ごきげんな人になるための心づくり

ごきげんな人とふきげんな人は体質から違います。
ごきげん体質に改善するための心のつくり方と、
モチベーションの保ち方を教えます。

1 ごきげんを手に入れるには？

ごきげんな人を観察してみる

ごきげんでいることが、自分にとっても、サロンにとっても、お客さまにとっても大切であることは分かりました。それでは、どうしたらいつもごきげんでいられるのでしょうか。

自分たちの毎日は、そんなにごきげんなことばかり起きているわけではありません。それゆえにごきげんでいることは、難しそうです。

ごきげんになる秘訣を知るために、いつもごきげんな人を観察してみましょう。学校にも職場にもいつもごきげんで感じのよい人は必ずいますね。その人はどんな人ですか。必ずしも、恵まれた環境にいた人とは限らないはずです。家庭環境、身体的なこと、能力的なこと、何かしらのハンデを持っていてもごきげんな人はごきげんなのです。

どうやら、ごきげんであることと、与えられた環境とはあまり関係がなさそうです。

それでは、環境に関わらずごきげんな人たちに共通することは何でしょうか？

ごきげんな人のごきげんな視点

悪い出来事が起きても、そのなかによい面を見つけることが上手な人が、ごきげん上手。

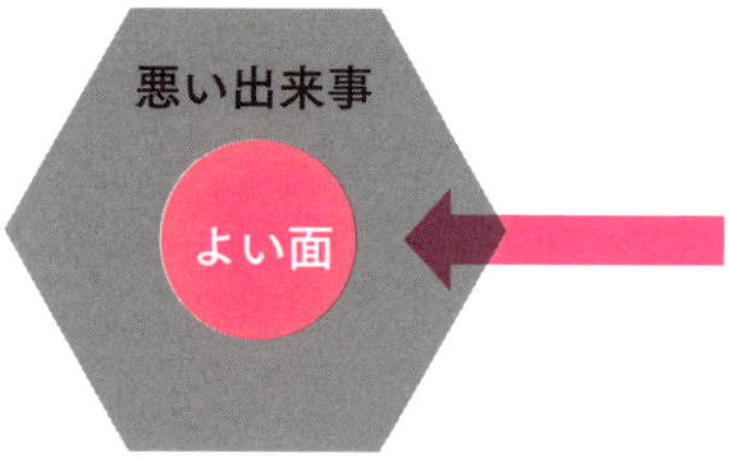

〝未来〟に視点を向けてごきげんに

技術者には２通りのタイプがあって、最初から上手にできるタイプとなかなか習得できないタイプに分かれる。

最初から上手にできる人

めきめきと技術が上がり、スタイリストデビューも早い。羨望の的。

未来：自分はできるが、人になかなか教えられない。

なかなか習得できないタイプ

練習を重ねる。技術を研究する。試行錯誤する。

未来：習得に苦労したため『教え上手』に。サロンの発展のために優れた教育者になる。

見方ひとつで、ごきげんになれる

それは、〝ごきげんな視点〟です。自分の身に起こる出来事には、必ず表と裏の意味、すなわち良い面と悪い面があります。良いことが起きたら良い面を見るのはあたりまえですが、一見悪いことと思われがちなことでも、そのなかに何らかの良い面を見つけることが上手な人こそが、ごきげん上手な人なのです。

例えば、美容の技術がどうしても人より劣っているスタッフがいるとします。同じだけ練習を重ねても、同期の技術にはかないません。デビューも遅れそうです。普通だったらなかなかごきげんにはなれませんね。その人のごきげんはどこを探せば出てくるのでしょう。

それは未来です。技術者には2通りのタイプがあって、最初から上手にできるタイプと、なかなか習得できないタイプに分かれます。自分が技術の勉強をする際には、最初から上手な人は羨望の的です。めきめきと上手になり、デビューも早いでしょう。

なかなか習得できない人は練習を重ねます。技術を研究し、試行錯誤します。その経験は飲み込みが遅い人しか経験できないことです。

しかし、その経験こそが未来に役立つのです。

ふきげんな人の〝不満体質〟とは

ふきげんな人は不満体質。自分に起こる出来事を不満に感じ、満たされないのでいつもふきげん。この不満のもとは他責の考え方にある。

親のせい
友達のせい
時代のせい
運のせい
国のせい
会社のせい…

「悪いのは人、かわいそうなのは自分」
という考え方

↓

他責

↓

学ぶべきこと
人は変えられない

人は自分の思い通りに動かない。
人は自分が願う通りに変わらない。

習得の遅い人は習得に苦労した分、〝教え上手〟になれるのです。理由もなく上手にできた人は練習の方法もわからないので、自分はできるけど、人には教えられない。

サロンが発展するためには、優れた教育者が必要です。教え上手になれること。それが習得に苦労した人しか手に入れられない宝物です。

こんな風に、物事は見方ひとつで、ごきげんにもふきげんにもなれるのです。自分からごきげんが遠ざかっていったら、少し立ち止まって考えてみましょう。この出来事のよい側面は何だろうと。

ごきげんの敵は○○！

それとは逆にいつもふきげんな人もいます。いつもふきげんな人も、観察してみるとふきげんの理由がわかります。

いつもふきげんな人は独特の体質を持っています。ふきげんにしかなりようのない、独特な体質を持っています。それは〝不満体質〟です。

いつもごきげんな人とは対照的に、不満体質の人は、自分に起こる出来事を不満に感じ、満たされないのでふきげんなのです。不満のもとをさかのぼっていくと、他責に行きつきます。

不満体質の人は、物事を人のせいにするのが得意です。親のせい、友達のせい、時代のせい、運のせい、国のせい、会社のせい。悪いのは人、かわいそうなのは自分という考え方です。これではいつまでたってもふきげんは消えません。

不満体質の人が最初に学ばなければならないことは〝人は変えられない〟ということです。

人は自分の思い通りに動きません。人は自分が願う通りに変わりません。だからいつまでたっても満足することができずにずっと不満なのです。

「ヘッドスパの手順が変わったので覚えておくように」とリーダーに言われた時、不満体質の人は、「トリートメントのメニューも変わったばかりなのにそんなにたくさん覚えきれない。お客さまの前で失敗したらどうするんだ。リーダーは何を考えているんだろう？」と上手に人のせいにします。

一方、ごきげん上手な人は「私はまだヘッドスパはあまり指名されないけど、新しい手順を覚えておけばいつでも準備万端だわ！」と指名をもらえるチャンスととらえます。

物事は見方だけで、まるっきり違う未来をつ

ごきげん上手の〝感謝上手〟とは

出来事の良い面に視点を向けられる人。ごきげんな視点は、何にでも感謝することから生まれている。

うれしいこと
楽しいこと
残念なこと
悔しいこと

全てに感謝！

失敗しても、
「実力を知る良い機会になった」等の考え方

↓

感謝

↓

目の前で起きた全ての出来事に
感謝できるのがごきげん上手

くります。

ごきげんの敵は〝他責〟です。人のせいにする考え方を変えて不満体質を体質改善したいものです。

ごきげんの味方は〇〇！

ごきげん上手の人は、ごきげんな視点があることがわかりました。その視点を持つにはどうしたらよいのでしょう？　それは実にシンプルです。たったひと言、〝感謝〟です。

ごきげんの味方は感謝です。ごきげん上手な人は、うれしいこと、楽しいことが起きた時はもちろん、残念なこと、悔しいことが起きた時でも、感謝します。

例えばサロン内での技術コンテストで、誰よりも一番練習したのに、入賞を逃したとします。悔しさは計り知れないし、それ自体でごきげんになることは難しいでしょう。でも、よく考えれば、自分の実力を客観的に知るよい機会になったし、この悔しさが強力なバネになって来年も頑張る気になれる。何よりも今年中途半端に3位入賞するより、来年優勝したほうが、よっぽど気持ちがいい。最初の年に優勝するより、3年がかりで優勝を手にできたほうが、喜びは大きい……、と結局は入賞できなかったことに感謝する。目の前で起きた出来事に、感謝できるのがごきげん上手の特徴です。ごきげん上手は感謝上手なのです。

2 モチベーションを維持するには？

モチベーションとごきげんの関係

ごきげんとモチベーションは深く関わっています。モチベーションのないところにごきげんは生まれませんし、逆もまたしかりです。ポジティブな姿勢、ポジティブなやる気があって初めてごきげんな自分は生まれます。

毎日、やる気を持ってサロンに出勤できることからごきげんな一日は始まります。

ここからは、モチベーションをどうやって維持すれば良いかについて考えてみましょう。

ごきげんとモチベーションの密接な関係

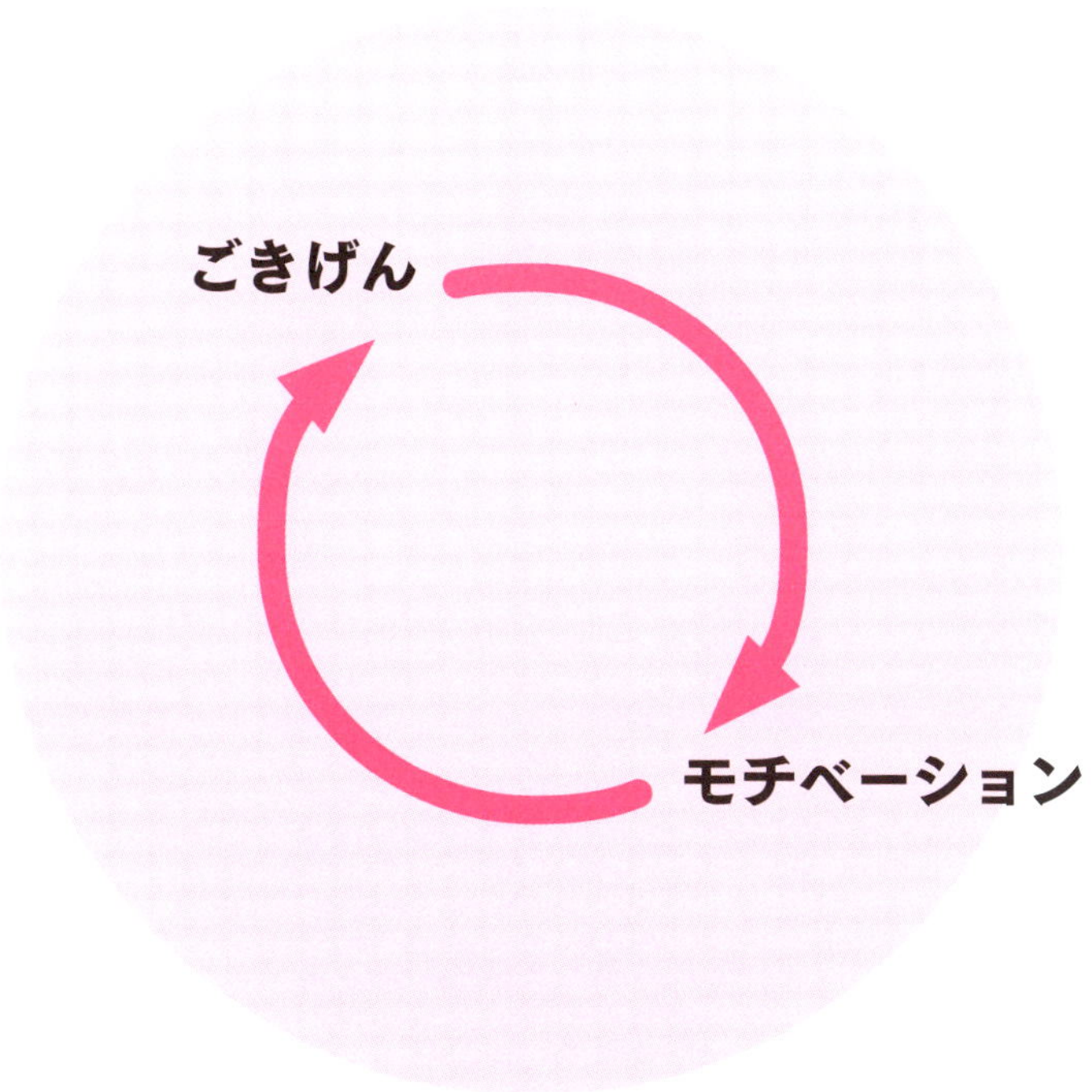

ごきげんとモチベーションは深く関わっている。
モチベーションのないところにごきげんはなく、ごきげんでないところにモチベーションはない。

モチベーションのマトリックス

モチベーションは主にふたつの動機グループの組み合わせによって分類できます。

ひとつ目のグループはプラスの動機づけとマイナスの動機づけです。達成目標に対してごほうびがもらえるのがプラスの動機づけ、罰則が課されるのがマイナスの動機づけです。ボーナスが出るのがプラスの動機づけ、減給されるのがマイナスの動機づけです。ボーナスが出るのは嬉しいからやる気になる、給料が減ったら困るからやる気になる、というように、真逆の内容でもどちらもやる気につながります。

またふたつ目のグループは外因性の動機と内因性の動機です。自分の意思とは関係なく動機づけられる外因性の動機と、自分の心の中で動機づけられる内因性の動機になります。

実際には次ページの図のように、ふたつの動機グループのマトリックスのなかに、モチベーションは分類されます。

整理すると、

モチベーションのマトリックス

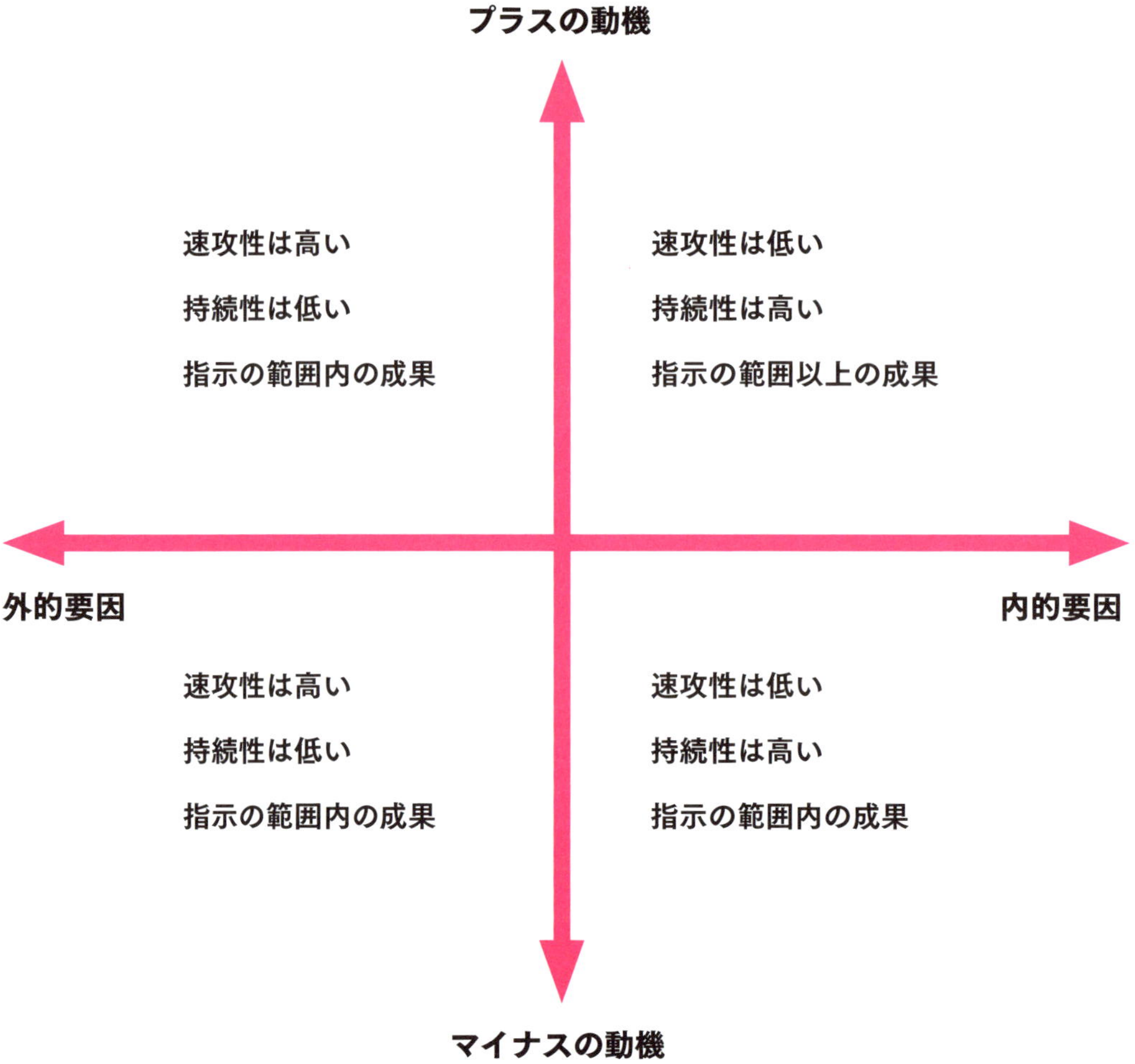

プラスの動機
速攻性は高い
持続性は低い
指示の範囲内の成果
速攻性は低い
持続性は高い
指示の範囲以上の成果
外的要因
内的要因
速攻性は高い
持続性は低い
指示の範囲内の成果
速攻性は低い
持続性は高い
指示の範囲内の成果
マイナスの動機

①プラスで外因性の動機
②マイナスで外因性の動機
③プラスで内因性の動機
④マイナスで内因性の動機
の4つに分かれます。

ここでは外因性の動機と内因性の動機についてもう少し詳しく見ていきましょう。

外因性の動機とは？

外因性の動機とは、自分の意思とは関係なく、他者の意思や価値観でつけられている動機です。

●指名数により会社がボーナスを出してくれる
●サロン内のコンテストで優秀者はフランスに行ける
●皆勤をすると一年に一度三連休をもらえる
などは、すべてプラスの外因性の動機です。

これにより、指名がとれるように接客をよくしていく努力をしたり、フランスに行けるように技術練習を熱心にしたり、連休がもらえるように遅刻早退欠勤をしない努力をしたりと、よいことが起こるような行動につながります。

プラスの外因性・マイナスの外因性の動機とは

自分の意思とは関係なく、他者の意思や価値観でつけられている動機

プラスの外因性動機

例
- 指名数により会社がボーナスを出してくれる
- サロン内のコンテストで優秀者はフランスに行ける
- 皆勤をすると１年に１度３連休をもらえる

マイナスの外因性動機

例
- 指名が半期にひとりもない場合は降格
- 遅刻、早退、欠勤が多いと減給
- 技術練習に参加しないとデビュー評価がマイナスになる

いいことが起こるように　　**嫌なことが起きないように**

外因性

↓

行動が起きる

外因性の動機におけるポイント

動機づけ自体が、他人の価値観、物質的、権威的な事柄のため、条件に頼らずモチベーションを維持する人もいれば、維持できない人が出てくる。

↓

動機の条件を変える必要がある

一方、

●指名が半期にひとりもない場合は降格
●遅刻、早退、欠勤が多いと減給
●技術練習に参加しないとデビュー評価がマイナスになる

などは、マイナスの外因性動機です。

降格になったり減給になったり、デビューが遅れるのは困るので、嫌なことが起こらないように、行動を起こすのです。

この外因性の動機の特徴としては、効果が次第に薄れていく、ということが挙げられます。

動機づけ自体が他人の価値観、物質的、権威的な事柄なので、最後には条件によらずモチベーションを維持する人もいれば維持できない人も出てきます。

外因性の動機をつくるのであれば、動機の条件を変えていく必要があります。毎回同じチョコレートのごほうびではだんだん飽きてくる、ということです。アイスクリームになったり、お団子になったりすることでモチベーションが維持できるので、動機づけをつくることも労を要します。

プラスの内因性・マイナスの内因性の動機とは

自分の心の中でつくっていく、あるいはつくられる動機

プラスの内因性動機

例
●犬好きのお客さまには犬の話をすると喜んでくれるから犬の話をしよう

マイナスの内因性動機

例
●猫好きのお客さまに犬の話ばかりすると嫌われるから犬の話はやめよう

喜んでくれるから

嫌われるから

内因性

↓

行動が起きる

内因性の動機におけるポイント
内因性の動機は〝やりがい〟
時間がたっても効果が変わらない

↓

モチベーションを維持できる強い動機

内因性の動機とは？

もう一方の内因性の動機とは何でしょう。これは、自分の心のなかでつくっていく、あるいはつくられる動機です。

●犬好きのお客さまには犬の話をすると喜んでくれるから犬の話をしよう

というのは、プラスの内因性の動機です。

●猫好きのお客さまに犬の話ばかりすると嫌われるから犬の話はやめよう

というのは、マイナスの内因性の動機です。

〝喜んでくれる〟とか〝嫌われる〟ということは心の問題です。感情の問題です。また、犬好きの人に犬の話をしなかったからといって、お客さまが怒り出すわけではありません。

自分次第でつくったりつくられたりする動機のことを内因性の動機といいます。言い換えれば〝やりがい〟のようなものです。

この〝やりがい〟は外因性の動機と違って、時間がたっても効果は変わりません。

つまり、内因性動機はモチベーションを維持できる強い動機といえます。

美容師の最強の評価

1 お客さまから〝ありがとう〟と言われる

2 お客さまが〝また来てくれる〟

3 お客さまが〝お客さまを紹介してくれる〟

↓

言葉に代え難い喜び

➡モチベーション

美容師だけが持てるモチベーション

その中でも、最強の動機となるのが、〝お客さまからの3つの贈り物〟です。

お客さまから〝ありがとうと言われる〟、お客さまが〝また来てくださる〟、お客さまが〝お客さまを紹介してくださる〟。この3つは、接客業界では最高の評価です。

この3つの経験は、言葉に代え難い喜びをもたらしてくれます。どんなに仕事が忙しくても、きつくても、つらくても、お客さまからこの贈り物をもらうだけで、不思議と元気になってしまうのです。不思議とまた頑張る気持ちになってしまうのです。

一つひとつの施術を、この3つの贈り物につながるようにという気持ちで取り組むだけで、毎日の仕事はやる気に満ちたものになるはずです。

お客さまからいただける「ありがとう」の言葉は、施術中の技術はもちろんですが、お客さまの〝キレイを喜ぶ〟という姿勢から生まれます。

お客さまはキレイになるためにサロンにいらっしゃいます。そのキレイを一緒になってつくりあげること、そのキレイを一緒になって喜ぶこと。この姿勢がお客さまからのありがとうを生み出すのです。

「私のキレイを一緒に喜んでくれた」ことをお客さまが喜んでくれること。これこそが共感力コミュニケーションの代表的なシーンです。これこそが、美容師が持ち続けられる最高のモチベーションなのです。

毎日唱えるモチベーションの魔法の呪文

ごきげんをつくるためには不満体質を改善し、他責習慣をやめ、感謝の気持ちを忘れないことが大切であることがわかりました。

またごきげんを維持するためのモチベーションのつくり方も4つのマトリックスで理解することができました。

ごきげんづくりで一番大切なことはやはり感謝する力、すなわち〝感謝能力〟です。この感謝の気持ちを毎朝思い出すこと。そのための魔法の呪文を紹介します。

美容師の最高のモチベーション

お客さまの「ありがとう」はふたつの姿勢から生まれる

●お客さまのキレイを一緒につくりあげる

●お客さまのキレイを喜ぶ

↓

「私のキレイを一緒に喜んでくれた」と、

お客さまが喜ぶ＝共感力コミュニケーション

↓

美容師が持ち続けられる最高のモチベーション

毎朝唱えたい感謝の呪文

今日行くサロンがあってよかった。

今日する仕事があってよかった。

今日会うお客さまがいてよかった。

●ごきげんな人は感謝上手。不機嫌な人は不満体質。他責の体質改善をしましょう
●〝やりがい〟である内因性の動機づけが、モチベーションを強く長く維持させます
●お客さまのキレイを喜び、お客さまのキレイを一緒につくるという姿勢が、お客さまの「ありがとう」を生みます
●お客さまの「ありがとう」を喜ぶことが美容師の最高のモチベーションになります

今日行く会社があってよかった。
今日する仕事があってよかった。
今日会うお客さまがいてよかった。

この呪文を朝、目が覚めたらベッドの中でそっとつぶやくと、不思議と感謝の気持ちが心を満たしていきます。

あたりまえに感謝する

２０１１年の東日本大震災で職場を失った美容師さんにお会いした時に、「先生、早く仕事がしたいんです。お客さまにお会いしたいんです」と熱く語っていたことに衝撃を受けました。

日頃は、会社があって、仕事に行って、お客さまの施術をする、というあたりまえに感じていることは、実はあたりまえのことではなかった、と気づきました。あたりまえのことはたった一日でなくなってしまう、ということに気づきました。あたりまえがどれだけありがたいことかに気づきました。それ以来、あたりまえに感謝する、という意味でこの呪文を唱え続けています。みなさんも、ごきげんになりきれない時、この呪文を唱えてみてください。

An absolute requirement to acquire "kyou-kan ryoku".

5 いつもごきげんでいられる5つの思考習慣

日々ごきげんを保つためのポジティブな考え方を習慣にして身につけましょう。

ポジティブな思考習慣を身につける

モチベーションを常に保てるようになる思考の仕方が5つあります。ポジティブなごきげん思考を習慣にして身につけてしまいましょう。

①アクセプタビリティ思考

自分の身に起きたマイナスに感じる出来事を〝受け入れる〟姿勢です。どんな経験もいずれ何かの役に立つ、と思い前向きにとらえること。自分の力ではどうしようもないこと……、身体的なこと、家族のこと、会社の方針などは、悩んでも変えることはできません。悩んでも〝ふきげん〟が募っていくだけです。変えようのないことに対して必要以上に悩んだりせずに、いさぎよく、きげんよく受け入れる姿勢です。

②アサイド思考

自分の身に起きたマイナスに感じる出来事を、一旦横において考えることをやめる思考習慣です。解決の方法が思い浮かばない時にあれこれ考えても、よい解決策は生まれません。一旦、そのことから離れてみる。そのことについて考えるのをやめてみる。考えに〝ポーズボタン〟を押してみる。しばらくしてから考え直すと、前向きな解決策が生まれたりするものです。一度、問題から離れてみるのも、ごきげん思考のひとつです。

③オブジェクティビティ思考

自分の身に起きたマイナスに感じる出来事を冷静に客観的にとらえる姿勢です。辛い時はどうしても被害者意識を持ってしまいがちです。自分だけが報われなくて、自分だけが運がない……そんな考えになりがちですが、その出来事を少し離れた視点で見てみると、感じ方が変わってきます。誰か他の人の身に起きたこととして見直してみると、それほど問題ではないことがはっきりして、前向きな気持ちになれるものです。

④ハウツースタート思考

何かをしなくてはいけない時、それが難しそうな時、あるいは気が進まない時、人はつい〝できない理由〟を並べたくなります。逃げたくなります。そんな時は、「できるかできないか?」ではなく、「どうしたらできるか?」というところから考え出す。これがハウツースタート思考です。やることが前提、で考えると、知恵がわいてくるものです。言い訳体質から抜け出すには、大いに役立つ思考習慣です。

⑤インディペンデンス思考

ひと言でいえば、他責にしない……という姿勢です。親のせい、上司のせい、会社のせい、社会のせい。嫌なことがあるとどうしても誰かのせいにしたくなります。人は変わらないのだから、自分が変わればいいのです。会社を選んだのは自分なのだから、その環境の中でまずは努力すればいいのです。人と比較せず、人のせいにしない。自主性と主体性を持って問題に向かう姿勢。ごきげんを保つのに役立つ思考習慣です。

トップがごきげんを示していく

ごきげんでいるための思考習慣を、サロンの中でどうやって実践していくかは、まず経営者や店長がことあるごとにごきげんでポジティブな姿勢を、繰り返し見せていくということが一番です。

どんな状況でも、どんなお客さまでも「ありがたい」という気持ちをスタッフに常に与え続けていくということが、お客さまを愛する、愛されるスタッフを育んでいきます。

5つのごきげん思考習慣

1 Acceptability

アクセプタビリティ思考
自分の身に起きたマイナスに感じる出来事を〝受け入れる〟姿勢。

2 Aside

アサイド思考
自分の身に起きたマイナスに感じる出来事を、一旦横において考えることをやめる思考。

3 Objectivity

オブジェクティビティ思考
自分の身に起きたマイナスに感じる出来事を冷静に客観的にとらえる姿勢

4 How-to start

ハウツースタート思考
「どうしたらできるか？」というところから考え出す思考。

5 Independence

インディペンデンス思考
他責にしない。誰かのせい、何かのせいにしない思考。

Lesson3-5 Point

- 日々起こる問題や課題に対して、５つのごきげん思考習慣で取り組めばごきげんでいられます
- トップがごきげん思考を、姿勢で示せばおのずとサロン全体に行き渡り、愛されるサロンに

Lesson 3　Let's review

共感力を身につける絶対条件＝ごきげん

『感情の伝染性』　感情は伝染する　脳にあるミラーニューロンの働きが、人に感情をうつしている。

ごきげんが伝染

ごきげんでいるとお客さまもサロンスタッフもごきげんに。

ごきげんのメリット

スタッフがごきげんだと自身が得られるメリット

①学習能力がグングン向上＝技術習得
②記憶力が驚くほどよくなる＝顧客把握による信頼
③代謝率アップでキレイに＝美容業における信頼
④免疫力アップで病気知らずに＝欠勤の減少

↓

ごきげんスタッフのメリットは、サロンのメリット

お客さまがごきげんだと得られるサロンのメリット

ごきげんな状態は購入意思を高める

↓

顧客単価が上がる

美容のような無形商品は、高価なほど購入に慎重になるため、ごきげんになってもらい購入意思を高めることで、ヘッドスパやトリートメントなどのオプション商品を購入してもらえる。

ごきげんな人とは

出来事のよい面に視点を向けられる人。ごきげんな視点は、何にでも感謝することから生まれている。

４つのモチベーション

①プラスで外因性の動機　②マイナスで外因性の動機
③プラスで内因性の動機　④マイナスで内因性の動機
〝やりがい〟である内因性の動機づけが、モチベーションを強く長く維持できる

ふきげんが伝染

●ふきげんでいると相手をまわりをふきげんにさせる。
●イライラで接客するとお客さまに伝わる。不快な気分させ、再来店してもらえない。

ふきげんはマナー違反
人前でふきげんでいることは、人を不快にさせる、不快な経験をさせる行為＝マナー違反

ふきげんな人とは

ふきげんな人は不満体質。自分に起こる出来事を不満に感じ、満たされないのでいつもふきげん。この不満のもとは他責の考え方にある。

↓

他責を排除する体質改善が必要

美容師のモチベーション

〝お客さまからの３つの贈り物〟
●お客さまから〝ありがとうと言われる〟
●お客さまが〝また来てくださる〟
●お客さまが〝お客さまを紹介してくださる〟

↓

接客業界で最高の評価

〝お客さまのありがとう〟を生む美容師の姿勢
●お客さまのキレイを喜ぶ
●お客さまのキレイを一緒につくる

モチベーションを保つために、ごきげんをつくるために大切なのは〝感謝能力〟
「今日行く会社があってよかった。今日する仕事があってよかった。今日会うお客さまがいてよかった」

ごきげんを保つ思考習慣　①アクセプタビリティ思考　②アサイド思考　③オブジェクティビティ思考　④ハウツースタート思考　⑤インディペンデンス思考

Column

お客さまの提案にも！ ～内因性の動機づけ

ホテルの美容室で「ヘアスタイリングとメイクをセットにすると10パーセントオフ」という新郎向けの商品を出しました。メイクのオーダーを増やしたくて、セットにすると安くなる商品をつくったわけです。これが全然売れなかったのです。なぜなら、メイクをする価値が安いことしか伝えられていなかったから。男性がウエディングでメイクをする価値についてまったく触れていなかったのですね。では、新郎にとってメイクの価値とは何でしょうか。例えばお酒を飲んで赤くなる人には、メイクで隠せるからいいですよね。

他にも新郎がメイクをする価値はたくさんあります。新婦でも「ナチュラルメイクにしてください」と希望される方は多いと思いますが、ナチュラルメイクとナチュラルに見えるメイクは違いますよね。ウエディングドレスはものすごく非日常です。非日常に普段のナチュラルメイクをしたら、すっぴんでしかない。だから、非日常に合わせて、結果としてナチュラルに見えるメイクでなくてはならないのです。

これは男性にもいえることです。メイクをしなければ衣装に顔が負けてしまいます。だから、「衣装に合ったナチュラルメイクをすることが必要ですよ」と話をすると、「なるほど」と思ってもらえます。

さらに、今はカメラの性能が高く、披露宴の大スクリーンに前撮りした写真を映し出す演出もあります。自分の顔が自分の身長より大きく映し出されるので、そうなった時、毛穴やヒゲがものすごく目立つことになりますよ、という話をすると、メイクが必要だとわかってもらえるわけです。

ですから、ただ単にお金が安いです、という投げかけでは、お客さま自身も動かないのです。

Lesson 4

共感力を養うホスピタリティ理論

共感力は人が人にしか使えない力です。
そしてその共感力はホスピタリティについて学ばずに
発揮できる力ではありません。
一人ひとりが違う存在であること。
一人ひとりが世界でたった一人の存在であること。
それを自覚することからホスピタリティの勉強は始まります。

1

AIにできない心に寄り添う・感情労働

AIは、将来もっと色々なことができるようになります。
でも、決してできない仕事があります。それは感情労働。
ここでは人にしかできない感情労働について学びます。

「好きだよ」とAIロボットに言われたら？

今、目の前にあなたの理想の男性（女性）が現れたとします。外見も、声も、しぐさもまさに理想通り。ただひとつ理想と違うのは、相手が人間ではなくAIロボットであるということです。AIロボットは感情に流されないので、怒ったり、ふてくされたりもしません。自分のことを深く理解し、いつも理想通りの行動をしてくれます。

そんなAIロボットに「好きだよ」と言われたらどうでしょう。最初は思わず嬉しい気持ちになるでしょう。理想の相手からの告白です。しかし、時がたてば虚しい気持ちになっていきます。なぜなら、その〝好き〟は、〝感情〟ではないからです。単にメガデータとシステムが発した言葉であり、その〝好き〟は真実ではないからです。

「ごめんね」とAIロボットに言われたら？

今、目の前の店員さんがAIロボットだとし

ヒトは感情を感じ、AIは感情を理解する

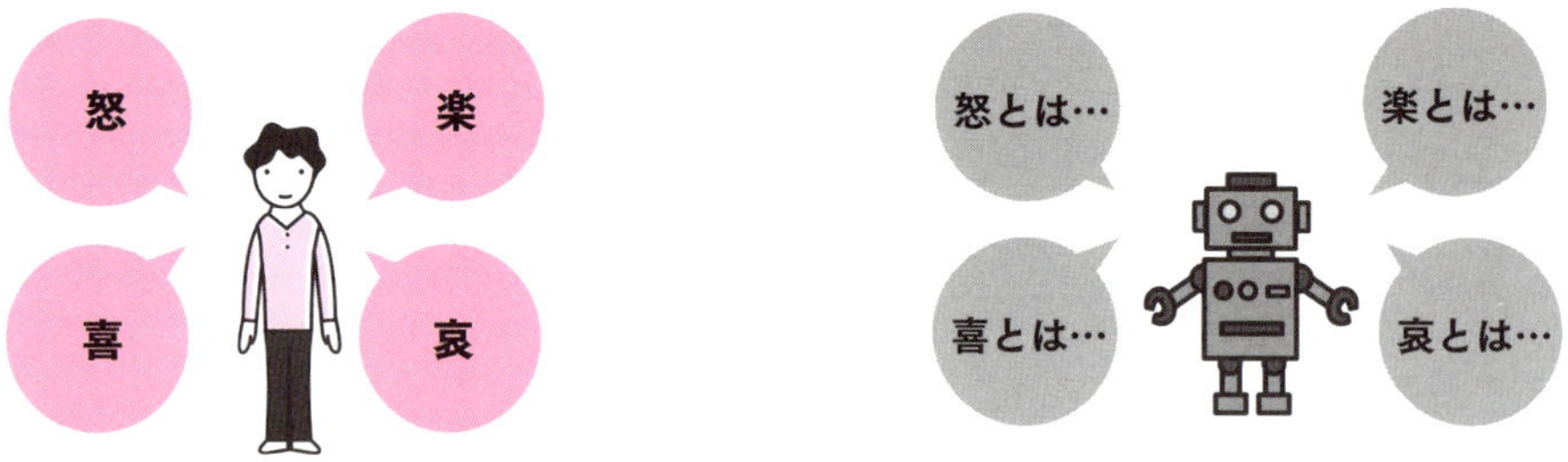

ヒトは感情を感じる

喜怒哀楽を感じ、お客さまを励ましたり、お客さまと喜びを分かち合ったりという感情労働ができる。

AIには感情がない

感情を理解できるが、クレーム対応などの感情労働ができない。

ます。予約していた商品が届いていないと知ってあなたはがっかりします。そんな時、AIロボットに謝られたらどうでしょう。「誠に申し訳ございません」と言われたらどうでしょう。AIロボットには感情がないので、謝られているとは感じられませんね。喜ぶ、謝る、褒める、感謝する、など、AIロボットには感情表現はできないのです。なぜならAIロボットには生きた心がないから。巧みに言葉を並べ立て、感情を表現する〝真似〟はできても、感情を伝えることはできない。その感情を伝える仕事を〝感情労働〟と言います。感情労働こそ、人にしかできない仕事です。AIロボットには絶対にできない仕事です。

感情を理解するAI、感じるヒト

AIは感情を理解するだけです。喜怒哀楽も理解はしますが、感じることはできません。ヒトは感情を感じることができます。喜怒哀楽を感じ、感情を伝えたり受けとったりすることができます。ふさぎ込んでいる人を励ましたり、喜んでいる人と一緒に喜んだり、という感情労働はヒトにしかできません。感情労働という能力はヒトにしかないのです。

一方で感情を持っているヒトの落とし穴もあります。それは怒りのコントロールです。怒りはヒトの行動にさまざまな影響を与えます。アンガーマネジメントという怒りについての専門的な研究もあるほど、怒りという感情は曲者《くせもの》なのです。AIには、感情がないかわりに、怒りも感じない。怒りという感情に関してだけは、AIに分《ぶ》があるといえます。

顧客情報では戦えない時代へ

お客さまのペットの名前や、旅行先での出来事などを覚えている美容師は、お客さまから好かれます。カルテにも書いていないことを覚えているというのは、それだけお客さまのことを考え、興味を持っているということの表れだからです。

しかし、その〝お客さま情報〟ではお客さまの心はつかめない時代が近づいてきています。なぜなら、AIがお客さま情報を全て記憶できてしまうからです。顔認識はもちろん、音声認識も開発が進んでいます。お客さまが

サロンに来店されたら、顔と声で瞬時にお客さまデータが出てくる時代なのです。

また、数値予測やマッチング、表現生成やデザインなどの機能も進化を続けているので、ＡＩロボットはメイクもネイルも、ヘアスタイリングもできるようになります。では、誰もがＡＩロボットのいるサロンに行くようになるのでしょうか。

寿司ロボットを例に、考えてみましょう。すでに寿司ロボットは活躍していますが、寿司ロボットのいないお寿司屋さんもにぎわっています。それはなぜでしょう。寿司ロボットのお寿司を食べる時はある程度の味と空腹を満たす、ということが目的になります。食事というよりは、ちょっとこだわった〝栄養摂取〟です。

人がいるお寿司屋さんに行く時は、味はもちろん、お店の雰囲気や、接客者の対応、寿司職人の技、会話などお寿司だけでなく、お寿司を食べる時空間全てを楽しむのです。楽しむ……まさに感情行動です。単に空腹を満たすための行動ではなく、何らかの感情体験のために訪れる。それが、人がいるお寿司屋さんがなくならない理由です。

美容サロンでできるヒトにしかできない仕事とは？

それでは、ヒトがいるサロンでヒトとしてできる一番大事なことは何でしょう。あるヘアメイクさんは人気、実力ともに申し分のないスタイリストです。その人の魅力は何なのかを詳しく観察しました。その結果わかったことは、施術中の声掛けの多さです。施術中、数えきれないほど「あ、キレイです」、「いい感じです」、「すごくステキ！」、「キレイになりました」とお客さまを丁寧に褒めるのです。

ビューティの仕事というのは、美容師とお客さまの二人三脚です。どんなに技術の高い美容師でも、お客さま自身に〝キレイのやる気〟がなければお客さまはキレイになれません。キレイを持続できません。お客さまは褒められることによって、やる気と自信を得ることができるのです。

あなたは、クロージングの際にどれだけ〝感情労働〟ができているでしょうか。施術中は技術に集中していても、〝仕上がりの嬉しさを共有する〟ことにこだわりを持って仕事をしていますか。美容師にとっては、施術中が大事でも、お客さまにとっては、仕上がりの瞬間が一番大事な時間なのです。その瞬間にどれだけ〝感情労働〟ができているか。これからの美容師にはそれが一番大切なことです。トリートメントをしたお客さまなら、「ツヤツヤになりましたね。キレイですね」、ヘッドスパをしたお客さまなら、「お顔の輪郭がはっきりしましたね」など、美容サロンに行く、ということはお客さまの努力の結果を褒めてあげること。これだけはＡＩロボットのいるサロンではできないことです。そして、それこそが、「このサロンにまた来たい」と思ってもらえる理由なのです。

- AIができないこと、それが感情労働です。感情労働ができる人が、美容業界でも必要となっていきます
- お客さまを褒めることは感情労働で、美容の仕事の原点です

Lesson4-1 Point

Hospitality theory to cultivate
"kyou-kan ryoku".

2 人にしかできないホスピタリティ

感情がある人間にしかできないこと。

それが共感力を使う〝ホスピタリティ〟です。

ここではホスピタリティ接客を、

サービスの接客と比較しながら理解を深めていきましょう。

人にしかできない〝ホスピタリティ接客〟

次のふたつのうち、人にしかできない接客はどちらでしょうか。

①「お買い上げのお客さまにアロマソルトをプレゼント。3種類からお好きなものをお選びください」

②「お買い上げのお客さまにアロマソルトをプレゼント。さおりさんのお好きなラベンダーを入れておきますね。日頃のお疲れがとれますように」

サービスは既製品、ホスピタリティは特注品

ふたつのメッセージの違いは何でしょう。①は、読む人を選びません。読む人全てに対しての表現です。ポスターにして貼ったり、ウェブに載せたりすることができます。②は、さおりさんにだけに向けられているメッセージです。不特定多数に向いているか、一個人に

ホスピタリティは人にしかできない仕事

① サービス	② ホスピタリティ
ポスターにできる ウェブに掲載できる	ポスターにできない ウェブに掲載できない
不特定多数が対象	一個人向け
事前に想定した 〝顧客像〟に対しての行動	具体的な相手ありきの行動
既製品	特注品（オーダーメイド）
AIでもできる仕事	**人にしかできない仕事**

向いているか。また、発する側からの感情表現があるかないか。この違いが人にしかできない仕事とそうでない仕事に線を引くのです。

①の仕事を〝サービス〟といい、②の仕事を〝ホスピタリティ〟といいます。サービスはあらかじめ印刷してあるポスターで、ホスピタリティは手書きの手紙に例えることもできます。ホスピタリティは具体的な相手ありきの行動で、サービスは事前に想定した〝顧客像〟に対しての行動です。

つまり、サービスは既製品で、ホスピタリティは特注品です。〝接客〟という目に見えない商品に置き換えた場合、どちらが上質な接客かは言うまでもありませんね。

AIの疑似ホスピタリティ

ホスピタリティは人にしかできません。ですが油断は禁物です。AIもホスピタリティ接客に近づこうと日々進化をしています。ウェブ上の接客もホスピタリティ化を遂げています。アマゾンで本を買おうとすると、買い手の嗜好にあった書籍がずらっとディスプレイ上に並びます。「この本を買った人はこんな本も買っています」というリコメンド対応と呼ばれているしくみです。書店で本を買って、自分の嗜好にあった本だけを進めてくれる書店はありません。そういう意味では、すでにウェブがリアルを超えている世界もあるのです。このリコメンド対応は、ビッグデータのシステムから生まれています。これには、人はかないません。

情報量で人を超えるホスピタリティを実現するのがAIであるなら、人は感情労働で勝負するしかありません。本を読む楽しさは読むだけでなく、読んだ感動を人と共有することにもあります。「面白かったね」、「ドキドキしたね」という感動は人にしかできません。自分が読んで面白かった本を買うお客さまに「寝不足にご注意ですよ！　面白すぎて私も一気に読んでしまいました」と笑顔で声掛けをするのは人にしかできない対応です。

そんな声掛けをしてもらったお客さまは、本を読みながら、面白さを感じる度に接客者の顔を思い出すはずです。「同じ面白さを感じたのかな？」と共感する楽しみを覚えたはずです。人にしかできない仕事をするには、感情労働がなくてはならないのです。

ホスピタリティとサービスの違い

サービスのメール

高橋さま
この度はハワイ旅行、いかがでしたでしょうか？
またご旅行にいらっしゃる際は当社へご相談くださいませ。
ご来店お待ちしております。

↓

全ての人に同じ内容

ホスピタリティのメール

高橋さま
ハワイ旅行、無事お帰りになりましたか？
初めてのハワイ、念願のハワイ、とうとう実現しましたね。
ご到着の飛行機、遅延もなかったようで**安心**いたしました。
一緒にハワイに到着したような**嬉しい気持ち**になりました。
楽しみになさっていたウルフギャングのステーキ、お味はいかがでしたか？
アメリカならではの豪快な大きさに驚かれたかもしれません。
高橋さまのお料理を前にした満面の笑みが浮かんでまいります。
次回はぜひビッグアイランド、ハワイ島にいらしてください。
また、旅行のご相談させていただける日を**楽しみ**にしております。

＊安心、嬉しい気持ち、楽しみなどの言葉が感情労働にあたる

ホスピタリティのポイント！
どれだけ一人ひとりのお客さまの気持ちに寄り添えるか、感情を使っているかどうか

↓

各々のお客さまに合わせた内容

人にしか書けないダイレクトメール

利用したお店からダイレクトメールが届くことはよくあります。手紙を受けとるのは嬉しいことですが、ダイレクトメールに嬉しさを感じることはあるでしょうか。印刷されている文章に手書きのメッセージがあったとしても大抵の場合は目に留まることはありません。なぜなら、そのひと言がホスピタリティではなく、サービスになってしまっているからです。「この度はご来店ありがとうございました。またのご来店をお待ちしております」というメッセージは例え手書きだったとしてもこの文章はサービスです。ご来店する全てのお客さまに使える文章です。受け手は自分に宛てた文章だという印象は受けません。

ホスピタリティあふれる文章には、必ず「その相手にしか書けない内容と感情」が含まれています。例えば旅行会社で帰国後のお客さまに「また来てもらえるように」手紙を書くなら、サービスメッセージではなく、ホスピタリティメッセージを書く必要があります。

「この度のハワイ旅行はいかがでしたか？」と

ホスピタリティは、THE がつく唯一の、感情の入った接客

Lesson4-2 Point

- 人にしかできない仕事とは、ひとりのお客さまに対するオーダーメイドのおもてなしです
- 人にしかできない仕事は、どれだけ感情を添えられるかにかかっています
- 人にしかできない仕事は、THE 仕事、THE 接客、THE 施術、THE がつく感情の込っもった仕事です

サービス	ホスピタリティ
A	THE
A PEN どれをとっても同じの１本	THE PEN プレゼントでもらったペン。この世で唯一の１本

書くより、「念願の初ハワイ旅行、お疲れさまでした。楽しみになさっていたウルフギャングのステーキのお味はいかがでしたでしょうか？　高橋さまのご満足の笑顔がまぶたに浮かびます。ぜひ、おみやげ話をお聞かせください」と書いた方が、お客さまの旅行を楽しんだ気持ちに寄り添うことができます。お客さまも旅行の楽しさを共有できた嬉しさを感じることができます。感情労働の基本はまず〝気持ちを伝える〟ことなのです。

〝A〟と〝THE〟でわかるホスピタリティの価値

中学英語で学ぶ基礎英語に冠詞の〝A〟と〝THE〟があります。違いは何だったでしょうか。例えば〝a pen〟と〝the pen〟は何が違うのでしょう。

〝a pen〟のペンはいわゆるペンのことで、ペンなら全てのペンを指します。しかし〝the pen〟となると、〝その〟ペン、特定のペンを指すのです。これをお客さまに置き換えてみましょう。〝a お客さま〟とは、お客さまなら全てのお客さまということです。昨日のお客さまも、男性のお客さまも、学生のお客さまも、年配のお客さまも全てお客さまです。

一方、〝the お客さま〟となるとどんなお客さまなのでしょう。〝そのお客さま〟です。目の前のたったひとり（一組）のお客さまを指します。名前があって顔があって、他にはいない世界でたったひとりのお客さまです。そのお客さまに向かって、そのお客さまにしかできないことをするのがホスピタリティ接客です。安物のボールペンでも、文房具屋さんに並んでいるペンはa penですが、それが誰かからのプレゼントだとしたら、the penになります。そのペンにはプレゼントしてくれた人の〝感情〟が込もっているからです。

私達がこれから仕事をする時は、THE仕事、THE接客、THE施術をしなくてはなりません。これが人にしかできない仕事です。ホスピタリティ接客とはたったひとりの相手にする、ひとつしかない、感情が込もった人にしかできない接客なのです。

Hospitality theory to cultivate "kyou-kan ryoku".

3 ウェブ・コミュニケーションとヒト・コミュニケーション

ウェブのサービスは全ての人のため。

ヒト・コミュニケーションはただひとりのお客さまのため。

ウェブでは与えられない情報と思いやりで

再来店につなげる方法を教えます。

no more ウェブ・コミュニケーション

人にしかできないホスピタリティ接客をお花屋さんの接客で確認してみましょう。

客「アレンジメントをつくってもらえますか」
店員「3千円、5千円、7千円がございます」
客「では、7千円にします」
店員「色みはどうなさいますか？ ピンク系、オレンジ系、グリーン系がございます」
「バラをお使いになるとそれぞれ千円、値段が上がります」
客「ではピンク系でバラを追加します」
店員「では、お持ち帰りになりますか、発送になさいますか」
客「千葉ですけど、発送してもらえますか」
店員「かしこまりました。発送料千二百円頂戴いたします」

この接客の流れを読んで、何を感じましたか。この接客は正しい接客でしょうか。単なる接客であれば何の問題もありません。しかしホスピタリティ接客の視点から見ると、完

ウェブ・コミュニケーションとは

ウェブ・コミュニケーション（ウェブコミ）
＝ウェブ上でするコミュニケーションのこと。AIができる範囲の仕事

わざわざ来なくても、ネットで注文すればよかったわ…
何を買いたいの？

- ☑ 価格は？
- ☑ 色みは？
- ☑ バラの有無は？
- ☑ 配送の有無は？

**スペックを聞くだけの接客では、
ウェブショッピングと変わらない**

全に間違った接客といえます。なぜなら、この接客ならば、お客さまは店頭にわざわざ足を運ぶ必要がないからです。自宅のパソコンか、公園のベンチでスマホから注文しても同じことだからです。価格、色、花材、などスペックを聞いているだけの接客です。人がしなくてもよい接客です。これをウェブ・コミュニケーション（ウェブ・コミ）と呼びます。人がいらないコミュニケーションのことです。お客さまが商品購入に必要な情報を一方的に伝えるコミュニケーションのことです。

サロンでこのようなウェブ・コミ接客をしていませんか。「カットはどのように？」、「前髪はどのように？」、「カラーはどんな色に？」。スペックだけを聞いて施術に入るような接客をしていませんか。これでは、人がする意味がありません。

Try!　ヒト・コミュニケーション

それでは、ウェブ・コミにならないためには、どのような接客をすればよいでしょうか。

客「アレンジメントをつくってもらえますか」
店員「ありがとうございます。お祝いですか？お見舞いですか？」
客「お見舞いです」
店員「入院先へのお見舞いですか？」
客「いえ、ご自宅療養です」
店員「ご自宅療養の方へのお見舞いですね」
「今は春先の花がたくさん入っていますよ。きれいな花をもらったらお気持ちも晴れますね」
「花の色みや花材のご指定はございますか」
客「はい、ピンクがいいかしら」
店員「はい、ピンクのお花ですね」
店員「男性の方ですか、女性の方ですか」
客「男性ですが、最近身体を壊されて食事制限があるようで、だから食べ物はお送りできないんですよ。せめて目からのごちそうをと思いまして」
店員「お優しいですね。食事制限はお気の毒に」
「確かに目からのごちそうはいいアイディアですね」
「そうでしたら、さらに香りのごちそうもいかがですか？ 香りの高いバラをお入れいたしましょうか？」

ヒト・コミュニケーションとは

ヒト・コミュニケーション

＝ヒアリングしながら、お客さまが思い及ばなかった、
知らなかったことまで提案できる

なぜ
買いに来たの？
花を見たら気持ちも晴れますね
いい香りのお花！？
これは思いつかなかったわ。
相談してよかった！
入院先へのお見舞いですか？
さらに香りのごちそうもいかがですか？香りの高いバラをお入れいたしましょうか？

さあ、いかがですか。前述のウェブ・コミと何か違うのでしょうか。この接客はウェブ・コミではなく、人にしかできないコミュニケーション、すなわちヒト・コミュニケーション（ヒト・コミ）です。ウェブ・コミとヒト・コミの違いは、「何を買いたいのか？」ではなく、「なぜ買いたいのか？」から入ることです。

ヒト・コミでは、最初から「何か提案しよう」という意思があります。そのために、最初に①お見舞いであること ②自宅であることを確認しています。自宅なら花の香りがしても問題ないからです。また、お見舞いの相手が年配の男性で、食事制限中という気の毒な状況であることもわかりました。

丁寧なヒアリングをして、「なぜ、お花を買いたいのか？」がわかりました。そこで提案したことが〝香り高いお花〟です。〝目〟からのお見舞いだけでなく〝鼻〟からのお見舞いを提案したのです。お客さまは、〝ピンクの花〟ということしか思いついていませんでした。そこに、〝香りのおもてなし〟というお客さまが考えつかなかったお見舞いのお花を提案したわけです。これこそがヒト・コミによるホスピタリティ接客です。

お客さまの考えを上回る提案、お客さまが喜ぶ提案、そこにつなげるヒアリングをすることがヒト・コミなのです。

思い込み接客と思いやり接客

〝お客さまが喜ぶこと〟をしなさい、と言われたらあなたは何をしますか。

〝お客さまへのサービス〟と言われたら、あなたは何を想像しますか。

お客さまは、高い商品より安い商品がいいと思っていると思い込んではいませんか。

お客さまは、少ないよりも多い方がいいと思っていると思い込んではいませんか。

お客さまとひと言でいっても、皆違う存在です。一人ひとり、違った接客をするのがホスピタリティ接客であるのに、サロン全体で値引キャンペーンなどを企画するのは〝人は安い方がよいと思っている〟という思い込みがあるためです。商品が高くても、質がよいなら買うと思っている人もたくさんいます。

このように、〝たいていの人〟に対しての思い込みから接客をするのがサービス接客で、一人ひとりの価値観に寄り添った思いやりから

サービス接客とホスピタリティ接客の違い

サービス接客	ウェブ・コミュニケーション	〝たいていの人〟に対しての思い込み	メニューを見せる	お客さまが探して選ぶ	思い込み接客
ホスピタリティ接客	ヒト・コミュニケーション	一人ひとりの価値観に寄り添った思いやり	丁寧な傾聴	接客者が選ぶ（提案）お客さまと一緒に選ぶ	思いやり接客

接客をするのがホスピタリティ接客です。

また、20代のお客さまと50代の価値観は違います。キャンペーンの内容に同じように魅力を感じるとは限りません。思いやり接客をするためには、何よりもお客さまを知ること。お客さまの価値観を理解すること。そのために必要なことが〝傾聴力〟です。

一人ひとりの価値観は違います。一人ひとりのお客さまが〝THEお客さま〟です。であるなら、思いやりも〝THE思いやり〟であるべきです。一人ひとりのお客さまにTHEの接客をする。それには〝THE思いやり〟も必要なのです。

サービス接客とホスピタリティ接客

サービス接客は、ウェブ・コミで行なわれます。商品をたくさん並べて〝お客さまに選んでもらう〟しくみです。ネットショッピングもそうですし、スーパーやコンビニもそうです。〝商品を探して選ぶのはお客さまの仕事〟です。

これに対してホスピタリティ接客は、ヒト・コミで行われます。お客さまに丁寧に傾聴をし、お客さまが気づいていないような嬉しい提案をします。

例えば、「このモールには23のレストランがあります。お好きなお店にどうぞ」というアプローチはサービス接客です。モールに設置されたレストランの案内版と一緒です。選ぶのはお客さまです。天ぷらの店が2軒あっても、違いは自分で調べないといけない。五目そばはラーメン店と中華料理店のどちらがおいしいか、自分で調べなくてはいけない。お客さまは〝常に情報を集めて選ぶ〟というストレスを感じることになります。

一方、ホスピタリティ接客では、お客さまは選ばなくてよいのです。自分の曖昧な希望を伝えると、プロの視点で自分が希望するようなレストランを選んでもらえるのです。１００のレストランがあるよりも自分の好物を食べさせてくれる一軒のレストランに巡り合える方がお客さまは幸せです。

そのたったひとつのレストランを選んであげること。あるいは一緒に選んであげること。これがプロのするホスピタリティ接客です。

サロンではどうでしょう。「今はこれが流行りです。これもいいですね。雑誌のカタログ

「お好きなものをどうぞ」は業務放棄

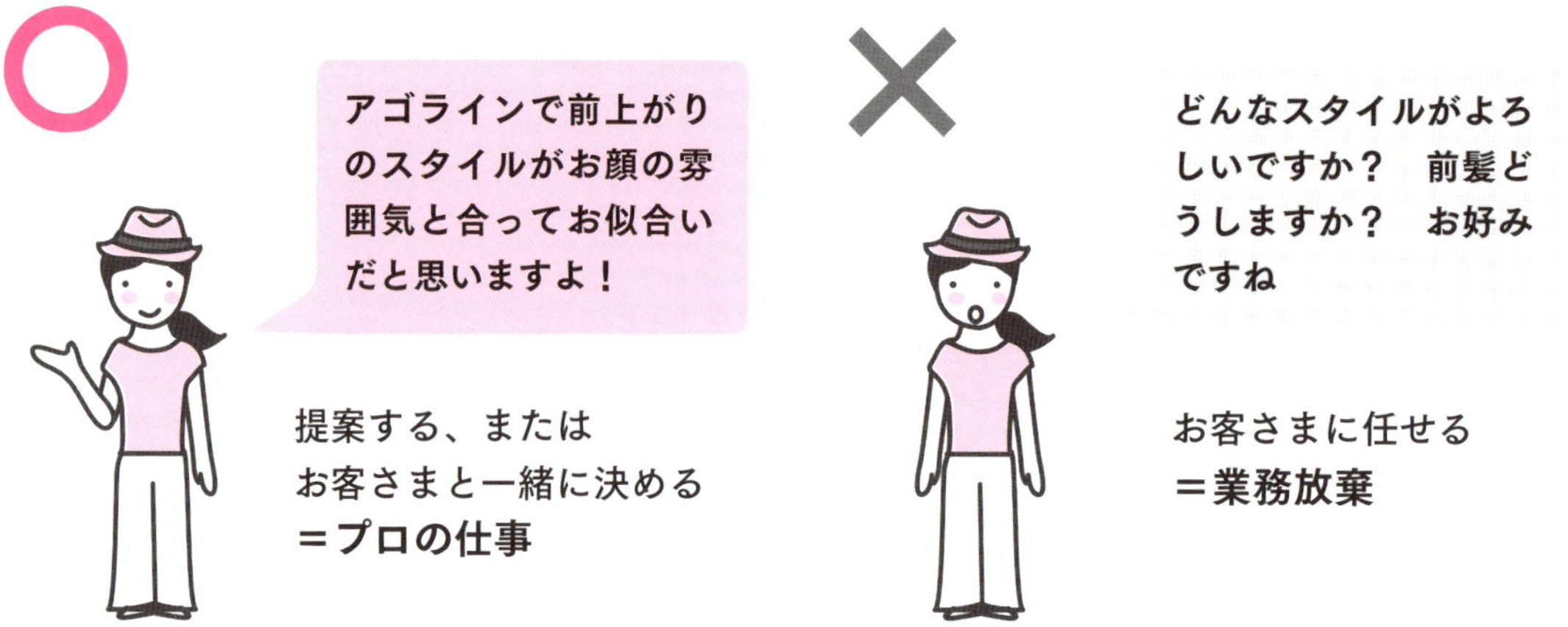
○
アゴラインで前上がりのスタイルがお顔の雰囲気と合ってお似合いだと思いますよ！
提案する、または
お客さまと一緒に決める
＝プロの仕事
×
どんなスタイルがよろしいですか？　前髪どうしますか？　お好みですね
お客さまに任せる
＝業務放棄

からお選びください」というような、選ぶことを押しつけるサービス接客をしていませんか。サービス接客は並べて見せて、選んでもらう接客です。ホスピタリティ接客は大量の商品の中から、お客さまにふさわしい商品を選んであげることです。あるいは、選ぶプロセスを一緒に寄り添ってあげること。一緒に楽しんであげること。これこそが人にしかできない仕事です。ホスピタリティ接客です。

「お好きなものをどうぞ」は業務放棄

サロンにいらっしゃるお客さまが、前髪を切るべきか、残すべきか悩んでいらっしゃるとします。あなたはどう対応しますか。

「前髪をつくると少し幼いイメージになりますが、お客さまのお好みですね」という対応をしている時はありませんか。前髪があると幼く見えるのは、お客さまにもわかっていることです。ここで若返りを図ろうか、それとも、今まで通りにしようか、これからの自分のイメージづくり、ブランディングについて悩んでいるのです。

ファッションの傾向や仕事でよく行く場所などを聞き、そのうえで、トータルなイメージづくりの提案をして、最終的には仕事の傾向を考えると「前髪はつくらない方がよいのでは?」、「前髪をつくるのはいつでもできるので、今回は見合わせた方がよいのでは?」、「その代わり、カラーリングに控えめなメッシュを入れて、少し明るい雰囲気をつくったらどうでしょう?」などの提案をすることがホスピタリティ接客の基本です。

「お好みですね」というのは、ホスピタリティ接客の放棄です。「お好きなものをどうぞ」というのは人にしかできないお仕事を放棄していることです。最後までお客さまの〝悩み〟に寄り添い、一緒に選び、最後の〝キレイ〟を一緒に喜ぶ……。これこそがホスピタリティ接客の姿です。

- ウェブ・コミはたくさん並べて見せて、お客さま自身が探して選ぶ接客コミュニケーションです
- ヒト・コミはお客さまを丁寧に傾聴して提案する、または一緒に選ぶ接客コミュニケーションです

Lesson4-3
Point

4

Hospitality theory to cultivate "kyou-kan ryoku".

日本のホスピタリティ〝おもてなし〟にみる共感力

おもてなしとは何でしょう。

日本のおもてなしを分析して、共感接客の原点を探ります。

よくいう〝おもてなし〟って何？

東京オリンピック招致の際に話題になった〝おもてなし〟。これはおおよそホスピタリティに近いものです。どちらかというと、おもてなしの方がホスピタリティより少し広い概念といえます。では、日本のホスピタリティともいえる〝おもてなし〟について掘り下げていきましょう。

おもてなしの語源は、裏表がない、とかおも（思）てなす、などともいわれていますがこれは俗説です。おもてなし＝もてなすが正解です。〝人をもてなす〟からきています。

おもてなしとは、ある対象に積極的に働きかけ、あることを成すという意味です。では、接客に当てはめると、おもてなし＝お客さまに積極的に働きかけ、あることを成すになります。もう一歩具体的にすると、おもてなし＝お客さまに積極的に働きかけ、期待以上のサービスを実現することになります。

この定義の中で最も重要なのは、〝積極的な働きかけ〟という部分です。これが共感接客の原点になります。それでは、〝積極的な働き

おもてなしとは

語源 ＝もてなし、もてなす

意味 ＝ある対象に積極的に働きかけ、あることを成す

接客のおもてなし ＝お客さまに積極的に働きかけ、あることを成す

（さらに具体的に）＝お客さまに積極的に働きかけ、期待以上のサービスを実現する

共感接客の原点

かけ〟というのはどんな行動を指すのでしょうか。

ホスピタリティの原点は気づき

アミューズメントパークのお城の前に、女の子がひとりで一眼レフのカメラを持って立っています。「写真を撮るのは楽しかったけど、さすがにお城の前で自分を撮りたいな」でも、一眼レフだから自分で撮れません。そこにあるキャストが通りかかりました。

「すみません、写真を撮ってください」

「もちろんですとも！」

と言って、感じのよい笑顔で、カメラを慎重な手つきで預かり、テキパキといろいろな角度から撮ってくれました。さて、この行動は何というでしょうか。これはおもてなしでしょうか。もし、あなたが観光地で知らない人から写真を撮ってください、と言われたらどうしますか。喜んで撮ってあげますね。そうです。このキャストがしたことはあたりまえのことなのです。

では、次のシーンを見てみましょう。すごく似ていますが、まったく違う対応です。

アミューズメントパークのお城の前で女の子がひとりでお城の方を向いて立っています。首からは一眼レフのカメラ、どうやら女の子はひとりで来ているようです。その女の子の前をひとりのキャストが通りかかりました。

「お写真をお撮りしましょうか？　せっかくのお城の前ですから」

「えっ？　わあ、嬉しい！　ありがとうございます」この行動は何というでしょう。前述のあたりまえの行動と何が違うのでしょうか。ふたつの行動の違いは「言われてから行動したか？」、「言われていないのに行動したか？」の違いです。

「写真を撮ってください」、と言われて撮るのはあたりまえ。「写真を撮ってください」、と言われていないのに撮るのが積極的行動、すなわち〝おもてなし〟の行動です。「言われていないことをしてあげる」ためには、「言われていないけど、してもらいたいことがあるのではないか？」と気づくことが必要です。

おもてなしは気づきから始まります。こちらから積極的に相手の希望や相手が気づいていない希望に気づいてあげることがおもてなしの原点です。これがホスピタリティ接客の

ホスピタリティは〝気づき〟から

気づき

▼

言われる前にする
積極的な行動
＝おもてなし

言われた後にする
受け身な行動
＝あたりまえ

〝気づき〟に必要なのは想定力

相手の立場を想定する

▼

ホスピタリティに
必要不可欠

めざすところです。

〝気づける人〟になるには？

おもてなしの〝積極的行動〟は言われてないことを言われる前にすること。これは相当に難しいことです。これでいい、というレベルもないし、これが正解という具体例もないからです。その時、その時、お客さまに対してTHEの思いやりを持ち、THEの提案を考えることの積み重ねです。

気づくためには、想定能力を磨く必要があります。想定能力とは、言い換えれば仮説能力のことです。「…なのでは？」と見えないことを想定する力です。「自分は女性だから暑くないけど、スーツを着た男性だったらもしかしたら暑いかも？」とか、「座りやすい椅子だけど、腰が悪い人には30分座るだけでもつらいかも？」などのように、自分にはない価値観や感情を想定する能力、自分の価値観で物事を判断しない能力、それが想定能力であり、共感力を必要とする能力です。おもてなしにも共感力が必要不可欠なことがわかります。

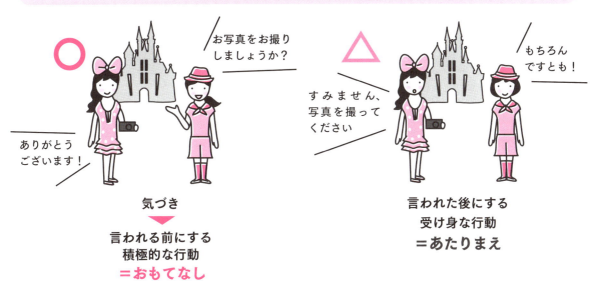

Lesson4-4 Point

- おもてなしとはお客さまに積極的に働きかけ、期待以上のサービスを実現することです
- おもてなしに必要なのは〝気づき〟と〝行動〟です
- 相手の立場を想定することがおもてなしには必要です

ホスピタリティのファーストステップ

ホスピタリティにはふたつのステップがあります。最初のステップ、ファーストステップは、言葉にすると実にシンプルです。〝人を嫌な気持ちにさせない〟このシンプルな言葉の中に実に深い意味が含まれています。

「あなたは、今日、人を嫌な気持ちにさせましたか?」と聞かれたら、どう考えるでしょう。〝人〟と聞いてどんな人を想像しましたか。その〝嫌な気持ち〟とはどんな気持ちを想像しましたか。

一般に〝人〟という言葉を聞くと、具体的な人を20人くらい想像するといわれています。家族や同僚、知り合いなど自分に何らかの形で関わっている人を〝人〟というイメージで認識しているのだそうです。ですから、「人を嫌な気持ちにさせない」という言葉を聞いた時、多くの人は〝自分の知っている人〟を想像します。

ところが、ホスピタリティの考え方が定義づける〝人〟というのはもう少し範囲が広くなります。例えば、満員電車に大きな荷物を持って乗ったらどうでしょう。荷物が足に当たりまわりの人達は嫌な気持ちになりますね。改札口でICカードの残高不足で自動改札が閉じてしまったら、まわりの人達は嫌な気持ちになりますね。ホスピタリティの考え方においては、〝人〟というのは自分が知っている人はもちろん知らない人も全て人だと理解します。つまり、自分以外の全ての人が〝人〟だという意識。地球上70億人－1人(自分)が〝人〟なのです。

〝人を嫌な気持ちにさせない〟、がホスピタリティの定義だとしたら、その人たち全員を嫌な気持ちにさせない、というのは果たして可能なのでしょうか。それは残念ながら難しいことです。政治、宗教など人の価値観はさまざまです。サッカーの試合ひとつとっても、どちらかが勝てば、負けた方のチームのファンは嫌な気持ちになります。選挙にしても自分が支持する政党が負ければ、嫌な気持ちになります。〝人の嫌〟は人の数だけある、〝人の嫌〟は人の数だけ違う、ということにも気づく必要があります。

Hospitality theory to cultivate "kyou-kan ryoku".

5 ホスピタリティの2ステップ

ホスピタリティには2段階あります。

あってあたりまえの接客と心に残るありがたい接客。

違いはどこにあるのか見ていきましょう。

トイレ掃除でファーストステップを考える

「このトイレを掃除してください」と言われたら、あなたはどんな掃除をしますか。

便器の汚れをとり、床をふき、トイレットペーパーを補充し、洗面台の水滴をふきとり、鏡を磨く。汚れもない、手垢もない、ホコリもない、臭いもない。これが、嫌な気持ちのしないトイレです。もしも、便器に汚物がついていたり、トイレットペーパーがなかったり、ゴミ箱からゴミがあふれていたらどうでしょう。どんな人でも嫌な気持ちになります。きちんと掃除ができていないトイレは誰でも嫌な気持ちになる。つまり、ファーストステップは、マイナスであること。あるべきレベルに至っていない、という状態なのです。

ホスピタリティのセカンドステップ

〝人を嫌な気持ちにさせない〟がホスピタリティのファーストステップだとするとホスピタリティのセカンドステップとは何でしょう。

ファーストステップとセカンドステップとは

ファーストステップ	人を嫌な気にさせない	あってあたりまえ	あたりまえ接客	EX. トイレが清潔
セカンドステップ	人をいい気持ちにさせる	なくてもいいもの	おもてなし接客	EX. トイレに花がある

↓

お客さまにリピートしてもらうために必要

これも言葉にすると実にシンプルです。〝人をイイ気持ちにさせる〟ことです。人は自分以外の全ての人、〝イイ〟は〝嫌〟と同様に人の数だけ違う、ということはファーストステップと同じです。ただし、嫌なことをしないことより、イイことをする方が難しいのです。

人間の価値観がどんなに多様であっても、寒い、痛い、臭いなど誰でも嫌な気持ちになる身体的条件はあります。接客で待たされるとか、間違った商品が届く、とか誰でも嫌な気持ちになることはあります。嫌な気持ちになることは、イイ気持ちになることより想像するのが容易です。嫌より、イイの方がもっと多様だからです。

それでは、先ほどのトイレ掃除にホスピタリティのセカンドステップを置き換えてみるとどうでしょう。ホスピタリティのセカンドステップは〝人をイイ気持ちにさせる〟です。人をイイ気持ちにさせるトイレ掃除とはどんな掃除でしょう。

キレイに清掃されているのはあたりまえ。そのうえでイイ気持ちになるトイレとは。例えば香りです。心地よいアロマがたかれていたらイイ気持ちになります。トイレにいる時間が癒しのひと時になります。あるいはお花然り、触り心地のよいハンドタオル然りです。これがセカンドステップのトイレの状態です。

セカンドステップを理解するために、ひとつ気づいてほしいことがあります。それは、アロマも花もハンドタオルも、なくてはならないものではない、ということです。アロマや花やハンドタオルがなくても、お客さまは嫌な気持ちにはなりません。これらがなかったとしても、お客さまはクレームしたりしません。なくてもよいものだからです。ないからといって、嫌な気持ちにはならないからです。でも、それらのものがあった時、お客さまは感動します。喜びます。イイ気持ちになります。つまり、ホスピタリティのセカンドステップはお客さまが気づいていないこと、お客さまが望んでいないことを先回りして提供することなのです。

自主的に気づけなければ、ホスピタリティのセカンドステップは実現しません。ファーストステップはあたりまえ。言われたことをやることです。セカンドステップはおもてなし。お客さまが気づいていないことを、積極的に考えて実行することです。

感動をつくるセカンドステップ

仕事と関係ない事柄でも、相手が喜んでくれるだろうことを、
積極的に実行すると、お客さまに感動を与える。

ずっと欲しかった車を買われたわけだから、一番初めに運転する瞬間をもっと素敵にしてもらいたいな
CAR SHOP
そうだ！ お客さまの大好きな曲のCDをプレゼントしよう！
こんなプレゼントをくれるなんて。想像もしてなかった…
感動

その後、数十年間、同じ担当者から車を購入

感動をつくるセカンドステップ

20年以上前に、知人が車を買いました。以前からあこがれていた外国の高級車です。納車された車に乗り、おそるおそるエンジンをかけるとどうでしょう。車内に自分の大好きな音楽が聞こえてきたのです。それはディーラーの担当者の方の〝気づき〟でした。「お客さまが欲しかった車に初めて乗る時を最高の瞬間にしてもらいたい」という想いから、担当者は自費でCDを買い、車にセットしておいたのです。知人が感動したのは言うまでもないことです。依頼知人はずっとその担当者から車を買い続けているそうです。

ホスピタリティの2ステップでいうと、これは何にあたるでしょう。もちろんセカンドステップです。CDがなくてもお客さまは嫌な気持ちにはなりません。納車の時に音楽がかかるなんて、〝想像もしていません〟。なくてもいいけど、あったらよいこと、それがホスピタリティのセカンドステップです。

お客さまの想像を超えて、お客さまのイイを創り上げたよい例です。

右脳と左脳がホスピタリティを支える

ホスピタリティ

共感力

右脳型
- ●感情の構築
- ●感情のパレット

ファーストステップ
- ●人をイイ気持ちにさせる
- ●おもてなし接客

セカンドステップ
- ●人を嫌な気持ちにさせない
- ●あたりまえ接客

左脳型
- ●知識の構築
- ●ものしり力

ホスピタリティのセカンドステップを実現するのは、簡単なことではありません。同時に、すばらしいセカンドステップを通じてお客さまに感動していただく時、実はお客さまと同じくらい自分も感動することができるのです。接客業の真の喜びはお客さまにセカンドステップの対応ができた時に感じることができるのです。

セカンドステップには模範解答がありません。お客さまさえ気づいていないイイに〝気づく〟ことだからです。その〝イイ〟に気づくこと、それこそが共感力から生まれるのです。

仕事の喜びを生むセカンドステップ

ホスピタリティを勉強し、セカンドステップが生む感動のストーリーを知るようになると、セカンドステップこそが、ホスピタリティと勘違いする人が出てきます。ここで忘れてはいけないのが、ファーストステップなきセカンドステップはない、ということです。トイレ掃除を例にとってみましょう。アロマの香り、鮮やかな花、触り心地のよいタオルがあったとしても、便器が汚れていたらどうでしょう。鏡が曇っていたらどうでしょう。ただの嫌なトイレになってしまいます。このようにセカンドステップの感動は、ファーストステップが完璧にできてこそ生まれるものなのです。基本の掃除ができていてこそ、アロマも花もタオルも感動を呼べるのです。

セカンドステップだけがホスピタリティと勘違いしないこと。嫌をつくらない基本ができて初めてセカンドステップが生まれるのだということも忘れないようにしましょう。

ホスピタリティはふたつの脳をフル回転させる

ホスピタリティの2ステップをしっかりと行動に移していくためには、共感力が必要です。相手の〝嫌〟と〝イイ〟を察し、それに対して対応する、という複雑な行動をするには、相手への共感が必要です。では、どうすれば共感できるかというと、ふたつの脳をフル回転させることなのです。ふたつの脳とは、右脳と左脳。普段は自分の脳にふたつの脳があることさえ意識していないかもしれません

右脳が築く・感情のパレット

左脳が築く・豊かな知識（ものしり力）

右脳
感情
感情
感情
感情
左脳
知識
知識
知識
知識

自分の経験のほか、人とのふれあい、小説や演劇、映画などから心に蓄積したさまざま感情を〝感情のパレット〟と呼ぶ。

教養やトレンドの情報、お客さまなどあらゆる知識のこと。ものしり力。

が、ホスピタリティを発揮するには、右脳と左脳を正しく働かせることが求められます。

右脳が築く〝感情のパレット〟

ホスピタリティの基本である共感とは、人が感じている感情を同じように感じとるということです。それでは、人の感情というのはどうしたら感じることができるのでしょう。

例えば、子どもの頃、家にひとりで留守番をする時はすごく不安だったはずです。でも大人になったら何も感じません。家族がいない解放感さえ感じるかもしれません。同じ境遇でも、年齢によって感じる感情は違います。ましてや男女の違い、国籍の違い、職業の違いなどにより、同じことが起きても感じ方は人それぞれなのです。

そんな複雑な感情を適切に感じとるにはどうすればよいのでしょう。それは、感情をできるだけ知ることです。感情をできるだけたくさん集めて知ること。それを〝感情のパレット〟といいます。

人間は自分が経験した感情しか知り得ません。20歳の女性が80歳の女性の感情を感じることはできません。ましてや90歳の男性の感情などわかりません。でも、感情は勉強することはできます。一つひとつの感情を勉強して覚えることはできます。

ある時、桜の季節に得意先の年配の方と歩道を歩いていました。一面桜が満開の見事な歩道です。するとその人は、私の方を見て、「年をとるとね、毎年桜が咲くと一番最初に思うのは……来年も見られるかな？　ということなんですよ」と少し寂しげに言いました。正直びっくりしました。満開の桜はどんな人でも幸せな気持ちで見るものだと〝思い込んで〟いたのに、寂しい気持ちで桜を見る〝感情〟があったなんて。それ以来、年配の人を見る目が変わりました。桜を見るだけでなく、日常の他の場面でも同様に寂しさを感じるのだということを学びました。

これこそが〝感情のパレット〟なのです。自分が経験したことのない感情も人とのふれあいによって知ることができる。そのパレットの数が多ければ多いほど、人の気持ちに寄り添うことができるのです。感情のパレットは人とのふれあい以外にも小説や演劇、映画などからも増やすことができます。物語は感情のパレットのオンパレードです。自分とは違う国、社会、性別、年齢、職業、性格などあらゆる人たちの感情が詰まっているからです。共感力を高めるための感情のパレットは実は日常生活のいたるところにあるのです。

左脳が築く豊かな知識

国内屈指の人気アミューズメントパークに、子どもから大人まで楽しめるアニメーション映画をベースにした立体型アトラクションがあります。その人魚のアニメの名場面で流れる音楽にのせて、主人公の人魚の女の子が空中を踊るのですが、何度見ても感動する大人気のアトラクションです。ほとんどの観客は一緒に歌って、涙する人さえいます。なぜ、こんなにも感動するのでしょうか。

それは、原作を見ているからです。この映画を見たことがあるので、たった数分のアトラクションでも、映画で得た感動をベースにしているから、アトラクションを見るだけでも感動できるのです。もしも、原作のアニメを知らない人が見たらどうでしょう。ただの美しくて華やかなブランコサーカスです。このアトラクションに対して、原作のアニメ映画のことを〝教養〟と言います。アニメを見ていない人には、アトラクションの魅力はごくわずかです。アニメを見たことがある人には、感動のアトラクションです。知識があるということは物事をより楽しめるということでもあるわけです。

同様に、人に共感するためには、知識が必要なのです。例えば看護師をしているお客さまがいたとします。午前中の来店ならば、普通は起きたばかりのはずです。しかし、看護師さんの仕事は夜勤もあるので不規則です。もしかしたら夜勤明けかもしれません。一日で一番疲れている時間かもしれません。だったら様子を見て、話しかけるのは控えめにしよう、という思いやりが生まれます。その思いやりは、〝看護の仕事には夜勤がある〟という知識がないかぎり、思いつけないものです。

職業に対する知識はもちろん、ありとあらゆる知識はお客さまへの深い理解につながります。その結果、よりお客さまの気持ちに寄り添った思いやりが生まれるのです。サロンでもお客さまと話がはずんでいるスタッフは、知識が多いことに気づくはずです。ホスピタリティを極めるには、知識を身につけること、ものしり力を身につけることです。

- ホスピタリティのファーストステップはあってあたりまえの接客。セカンドステップは、なくてもいいけれどあるとお客さまをイイ気持ちにさせ、感動すらしてもらえる接客です
- ホスピタリティの２ステップは右脳の感情のパレットと、左脳のものしり力で支えられています
- 右脳の感情と左脳の知識をしっかり構築し、ファーストステップのあたりまえ接客とセカンドステップのホスピタリティ接客ができた時に、初めて共感力が発揮されます

6

Hospitality theory to cultivate
"kyou-kan ryoku".

ホスピタリティのポジションと磨き方

ホスピタリティは大切なこと、でも、なかなか大変なこと。
ホスピタリティの立ち位置がわかれば、
おのずとできるようになるはずです。

1 セカンドステップはどうつくるのか？

ホスピタリティは共感力から生まれます。一人ひとりの価値観は皆違います。ＴＨＥの接客こそがホスピタリティ接客です。それでは、一人ひとりのお客さまにどうやってＴＨＥの接客をすることができるのでしょう。

マニュアル通りの仕事をするのも難しいのに、一人ひとり違う対応なんて、ほぼ不可能なのでは。と不安に思うかもしれません。一人ひとりのお客さまに、ＴＨＥの接客をするためには、マニュアルはありませんが、ひとつの目安はあります。ひとつの視点はあります。その視点を知ると、自然に自分がするべきことが見えてきます。

ＴＨＥの接客のヒントは身近にある

私にはふたりの娘がいて、４人家族で過ごしました。人気のメニューにカレーがありました。一鍋料理だから簡単そうですが、実はカレーは案外面倒なメニューでした。まずは

４通りのカレーにみる〝THEの接客〟の基本

好みを詳しく知っているから、それぞれの好みに合わせたカレーをつくることができる。

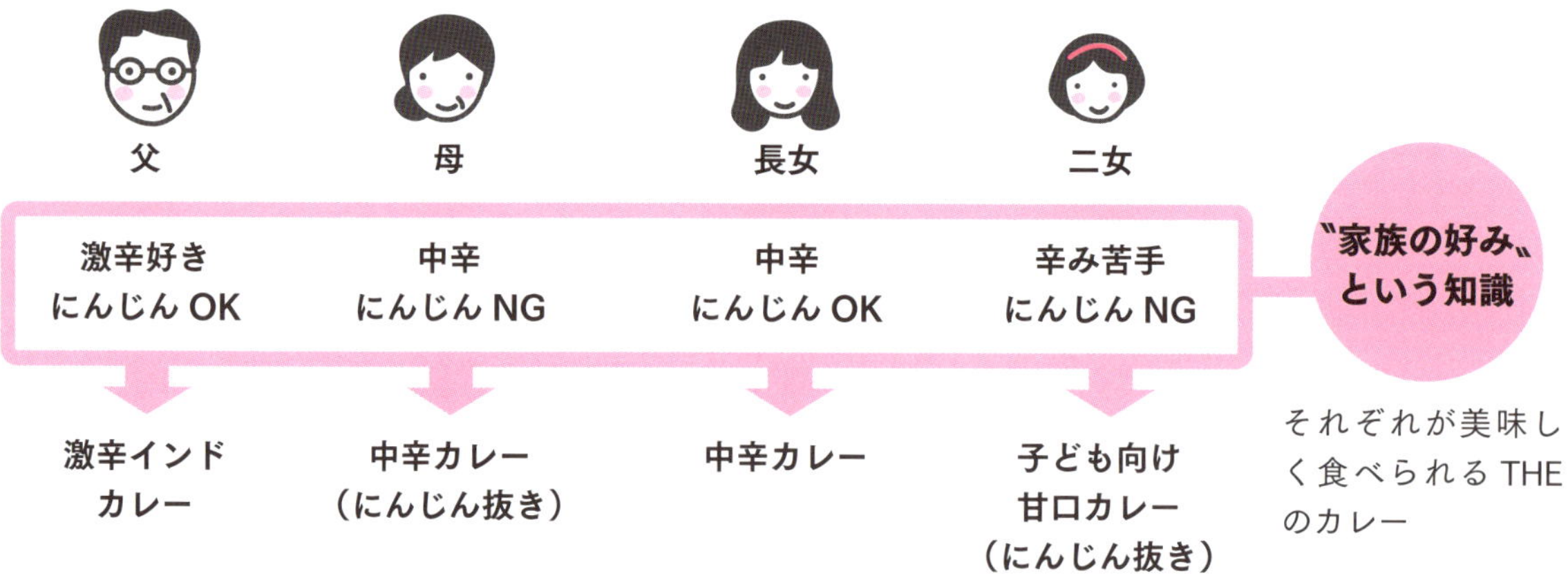
父
母
長女
二女
激辛好き
にんじんOK
中辛
にんじんNG
中辛
にんじんOK
辛み苦手
にんじんNG
〝家族の好み〟という知識
激辛インドカレー
中辛カレー（にんじん抜き）
中辛カレー
子ども向け甘口カレー（にんじん抜き）
それぞれが美味しく食べられるTHEのカレー

具が煮えたら、小なべにひとり分移します。それは辛いものが嫌いな二女の分。子ども用のルーで味つけします。もうひとり分も別の鍋に移します。それは主人の分。激辛が好きな主人にはインドスタイルのルーで味つけします。残りは長女と私のカレーで中辛に味つけします。

またあらかじめ、にんじんはできるだけ大き目にカットしておきます。二女と私がにんじんが苦手なので、盛りつけする時ににんじんは避けて盛ります。こうして、４人家族でありながら、４種類のカレーをつくるのです。家族がカレーを美味しいと思ってもらうために、全員にTHEのカレーをつくるのです。これこそがTHEの接客に通じることです。私がなぜ４種類のカレーをつくることができたかといえば、家族の好みを詳しく知っていたからです。THEの接客の基本は〝お客さまをよく知ること〟なのです。

ありがたい一通の手紙

ウエディングドレスのショップでの出来事です。結婚式を終えた女性から一通の手紙が届きました。

「この度はお世話になりました。先日無事に結婚式が終わりました。ひとつだけ、どうしてもお知らせしたいことがありますので、手紙を書かせていただきます。」

と手紙は始まりました。

「私が選んだドレスはデザインがとても気に入ったのですが、パールの飾りがとれていたので、迷いました。でもドレススタイリストさんが、「大丈夫ですよ。当日までにしっかりとリペアしますので、ご安心ください」とおっしゃったので、そのドレスに決めました。ところが当日届いたドレスを見たら、パールの飾りはついていませんでした。ドレスはリペアされていなかったのです。完璧な花嫁になりたい日に完璧ではないドレスが届きました。その日は一日中、それが気になって感動どころではありませんでした。カメラが向くと思わずパールの飾りがない方を不自然なポーズで隠したり、メインテーブルでもなるべく立たないようにしたり、そんな一日でした」

「あまり、幸せとは言えない一日でした。もうとり返しのつかないことなので、何かをしてほしいとかそういうことではありません。ひ

ホスピタリティに必要な視点

妹のウエディングドレスのリペア

↓↑

単なるお客さまの
ウエディングドレスのリペア

自分の家族であればおのずと念入りに対処

↓

おのずと最後まで責任ある仕事ができる

↓

ホスピタリティに必要なのは
〝家族に一番近い他人〟という視点

とつだけ、ひとつだけお願いしたいのは、私のような花嫁は二度とつくってほしくないのです。あんな思いをする花嫁は世界で、私ひとりで十分です。心からのお願いまで」

と手紙は終わりました。

どうして、こんなひどいことが起きてしまったのでしょうか。それは、ドレスショップのスタッフにとってお客さまがただのお客さまだったからです。もしも、そのお客さまがスタイリストさんの妹だったらどうでしょう。大切な家族の妹のドレスなら、リペアの担当者に直接声掛けをしたはずです。「これ、パールがとれているからよろしくね。妹のドレスなの。よろしくね」と。そしてリペア担当者もそのドレスを着るのが自分の妹だったらどうでしょう。上から下まで何度も丁寧に見直し、ドレスが完璧な状態かどうかをしっかりチェックしたはずです。

そうです。家族ならそうしたはずです。そのお客さまは家族ではなく、ただの知らないお客さまだったから、最後まで責任ある仕事ができなかったのです。

ひとりの花嫁さんの犠牲によってこのサロンのスタイリストたちは貴重な学びを得ました。その手紙は今でも額に入れてバックヤードに飾ってあり、毎回その手紙にお礼をし、心を整えてから接客に出ているそうです。

〝家族に一番近い他人〟

新婦が妹なら、絶対に起こらなかった不幸。そう考えると、お客さまを自分の家族のように考えることができれば自然にやるべきことが見えてくるのです。4通りのカレーをつくれるのも家族だから。ドレスのリペアがなされなかったのは家族じゃないから。お客さまを自分の家族に置き換えてみる。年上だったら自分のお母さん。もっと年上だったらおばあちゃん。少し年上だったらお姉さん。少し年下だったら妹。もっと年下だったら、いつか自分が生む赤ちゃん。などのようにお客さまを自分の家族に重ねてみる。するとするべきことがごく自然に見えてくるのです。

これがホスピタリティに必要な視点〝家族に一番近い他人〟という視点です。これをホスピタリティのポジションといいます。お客さまは家族じゃないけれど、他人としてギリギリ家族の視点でお客さまを感じてみる。こ

ホスピタリティを磨くために、鍛えるべきは水平思考能力

ひとつの事象から仮説をたくさん立てる力

＝水平思考能力

お水をください
何で水？？
のどが
渇いている？
ダイエット中で
お腹が空いていて、
お水でごまかそうと
してるとか？
薬が飲みたい
とか？
切手を貼りたい？
手紙を出したいの？
こう見えて、
実は水質検査員とか？
ただ話しかけ
たかったの？

の視点でお客さまと接すると自然にＴＨＥの接客が見えてくるのです。

明日からサロンに来たお客さまは、全て自分の家族に置き換えてみる練習をしてみるとよいでしょう。初対面の人を自分の家族に置き換えるのはそう簡単なことではありません。ある程度精神的トレーニングが必要です。

そしてそのトレーニングをやり遂げると〝また来てもらえる美容師〟に近づくことができるのです。

2 ホスピタリティの磨き方

ホスピタリティのセカンドステップにマニュアルはありません。唯一のよりどころが〝家族に一番近い他人〟としての視点です。言われていないことに〝気づく〟。ホスピタリティは気づきそのものです。

それでは、どうしたら気づける人になるのでしょう。どうしたら気づきを得ることができるのでしょう。その具体的方法は想定能力（仮説能力）をつけることです。言われていないことに気づくためには、言われていないことを想定する力が必要です。仮説を立てる能力が必要です。

例えば、「水をください」と言われたら、思わずコップに入った水を出してしまいますよね。しかし、これでは言われたことをしているだけなのであたりまえの接客です。ホスピタリティでいえばファーストステップです。お客さまにはセカンドステップの対応をしないと〝また来てくれる〟お客さまにはなりません。「水をください」と言われたら、言われていないことを想定してみる。「なぜ水が欲しいんだろう？」と疑問に思ってみる。するといくつかの仮説が生まれます。

単にのどが渇いている、薬を飲みたい、ダイエット中で空腹をまぎらわすため、フロア担当がかわいかったので話しかけたかった、尿道結石で水を大量に飲まなくてはならない、などいくらでも仮説が生まれます。ひとつの事象に対して複数の仮説を瞬時に立てる能力を〝水平思考能力〟といいます。

ひとつの事象に遭遇したら、まずは一瞬にして複数の仮説を立てる（水平思考）、そして、それを手掛かりにお客さまをよく観察し、仮説を検証し、対応策を考え、行動する。こ

- 〝お客さまの家族に一番近い他人〟の視点は、お客さまの気持ちや心情に共感することの前提になります
- ホスピタリティを磨くためには想定能力が不可欠です。そして想定するには知識が必要です
- 接客に無駄な知識は一切ありません。お客さまの話も貴重な知識の宝庫です

れがセカンドステップへの第一歩です。薬を飲みたい人だったら、鞄の中をごそごそ探しているかもしれない。よく見るとすでにテーブルの上に薬の袋が置いてあるかもしれない。だったら冷たい水より白湯の方がよいから水と白湯を両方お持ちする。ダイエット中ならレモン水の方が満足感を高めるからレモンを添える、など単に水のサービスだけでも、ＴＨＥの接客のチャンスはあるのです。

仮説を立てるために必要なこと

尿道結石で大量に水を飲まなくてはいけないのかもしれない……という仮説が生まれた時、次に観察が生まれます。尿道結石はつらい痛みを伴うので、つらそうな表情が定期的に生まれる可能性が高いのです。このお客さまにできるＴＨＥの接客は何でしょう。尿道結石は水を大量に飲んで、水の勢いで石を体外に輩出するのが治療法なので、とにかくたくさんの水を飲む必要があります。それならば、小さなグラスのお水よりも水がなみなみと入ったピッチャーを添えれば喜ばれます。このＴＨＥの接客は担当者が尿道結石という病気があること、痛みを伴う病気であること、大量の水を飲むことが主な対処法であることなどの〝知識〟がないと、生まれなかったものです。知識がなければ〝気づき〟も生まれませんでした。つまり、〝気づき〟には、知識が必要なのです。仮説能力とは〝知識〟なしには発揮されないのです。

知識とはホスピタリティに必要な左脳が担当する分野です。お客さまへの気づきは知識なしには生まれない。ＴＨＥの接客をするには、単なる知識ではなく〝ＴＨＥの知識〟が必要なのです。つまり毎回違う知識が求められる、ということになります。

どんなに知識があっても十分ということはないのです。ＴＨＥの接客のためにはいらない知識はない、という〝気づき〟から始めたいですね。

Lesson 4　Let's review

共感力を養うホスピタリティとは

感情労働　＝感情を感じることができる人にしかできない仕事。感情労働ができる人が、今後、美容業界で必要となる。

主な感情労働　①お客さまの気持ちに寄り添う→**共感力**　②お客さまを褒める→**美容の仕事の原点**

人にしかできない〝ホスピタリティ〟

ホスピタリティ接客とは

●一人ひとりのお客さまに合わせたオーダーメイド接客
●具体的な相手ありきの行動
●THE 仕事、THE 接客、THE 施術（たったひとりの相手にする、ひとつしかない、感情が込もった人にしかできない接客）

AI にはできない感情に添うこと（感情労働）がどれだけできるかがポイントに。

AI でもできる〝サービス〟

サービス接客とは

●誰に対しても同じ内容の接客
●事前に想定した〝顧客像〟に対する行動
●不特定多数が対象

ウェブ・コミュニケーション

品数をたくさん並べて見せ、お客さまに選んでもらう。

ヒト・コミュニケーション

お客さまの気持ちに寄り添いながら（感情労働）、お客さまが思い及ばなかった、知らなかったことまで提案できる。または、一緒に選ぶ。
＝思いやりはお客さまの傾聴から

おもてなし

お客さまに**積極的に働きかけ**、期待以上のサービスを実現すること。

想定能力に基づく〝気づき〟と、そこからの積極的行動

ホスピタリティのポジショニング
＝お客さまは家族に一番近い他人の視点

ホスピタリティを磨くために不可欠
＝水平思考能力

ホスピタリティの2ステップ

ファーストステップ
＝あってあたりまえ接客・あっても気づかれない

セカンドステップ
＝なくてもよいが、あるとお客さまをイイ気持ちにし感動を与える

ふたつの脳

右脳の感情のパレット
＝自分の経験のほか、人とのふれあい、小説や演劇、映画などから心に蓄積したさまざま感情。

左脳のものしり力
＝教養やトレンドの情報、お客さまのことなどありとあらゆる知識のこと。

ふたつの脳が構築されると、ホスピタリティの2ステップを進めることができる

↓

共感力を発揮

Lesson 5

共感力の現場での使い方1

これまで共感力を身につける理由、共感力とは何か、
その条件、理論を学んできました。
いよいよ実践的な共感力コミュニケーションの方法を学びます。
新規のお客さまこそ共感力は存分に発揮されます。
新規客を再来店に導く共感力コミュニケーションスキルを磨きましょう。

How to use "kyou-kan ryoku" in hair salon.

1

お客さまを ごきげんにする 共感力会話

また来てくださるお客さまになっていただくには
お客さまをサロンでごきげんな気持ちにしてあげること。
そのために必要なのは、相手をごきげんにできる会話です。
〝アグリーメントアクション〟をはじめ
共感力コミュニケーションの具体例を学びましょう。

接客はドッジボール

「予約していないんですけど、今からカットお願いできますか?」という突然の来店は、よくあります。そんな時あなたはどんな対応をしていますか。

予約でいっぱいの場合、いきなり「申し訳ございません」とお断りから始めていませんか。実は、こういう時にお客さまのごきげんが損なわれるのです。お客さまは、なぜ、予約をしていないのに来店したのでしょう。

サロン側にしてみれば、土曜日の午後の予約なしの来店というのは〝ありえない〟という思いですが、お客さまはどう思っていたのでしょう。「予約なしでも大丈夫?」と来店したお客さまは、「もしかしたら大丈夫かもしれない」という気持ちがあったからこそ、来店したのです。それが〝お客さまの常識〟だったのです。それを、当然のように最初から困った顔をして、「申し訳ございません。本日ご予約はすでにいっぱいでして……」と言われると、お客さまは、「自分の常識を否定された」ような気分になるのです。

アグリーメントアクションとは

共感力コミュニケーションの基本

アグリーメント＝同調する。同意するの意味

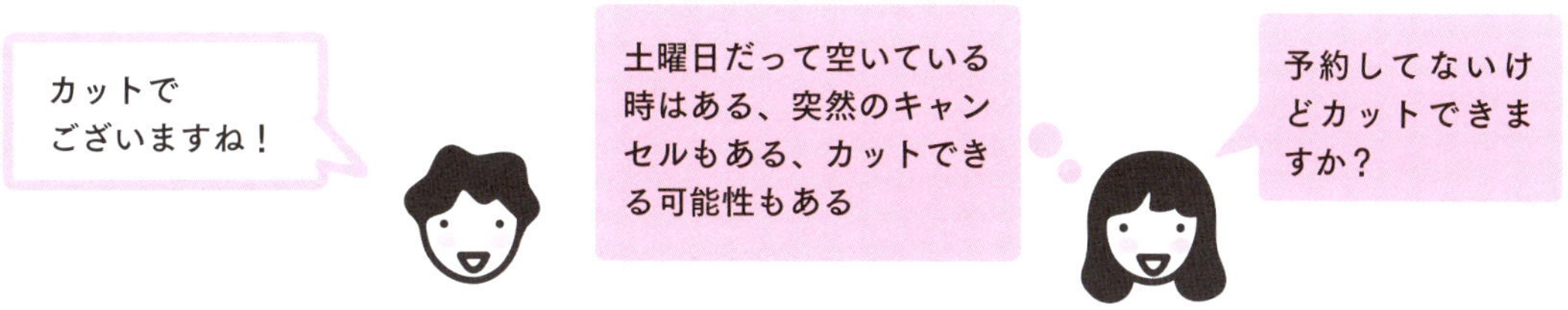
カットでございますね！
土曜日だって空いている時はある、突然のキャンセルもある、カットできる可能性もある
予約してないけどカットできますか？

本来の希望〝カットしたい〟という気持ちに同調する

＝アグリーメントアクション

接客はドッジボールのスタイルで

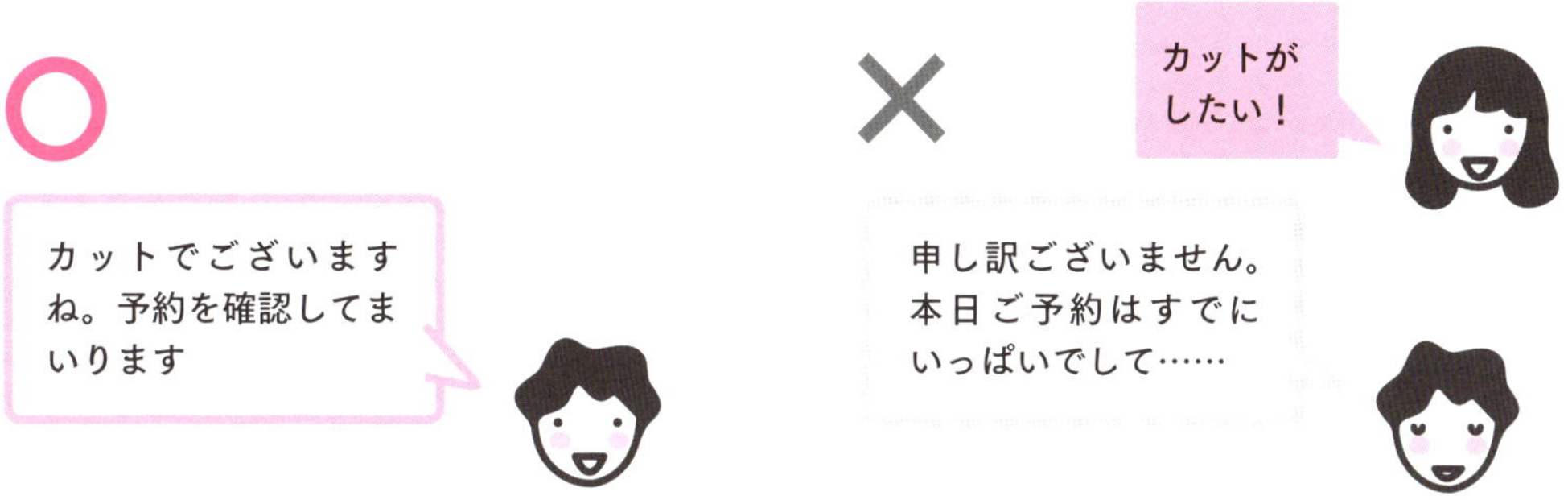
○
カットでございますね。予約を確認してまいります
×
カットがしたい！
申し訳ございません。本日ご予約はすでにいっぱいでして……

ドッジボールのように、お客さまの言葉を受け止めてから、打ち返す。

バレーボールのように、お客さまの言葉を跳ね返してはいけない。

まずは、お客さまの気持ちに合わせる。お客さまの言葉を繰り返せばよいのです。それをアグリーメントアクションといいます。共感力コミュニケーションの基本です。アグリーメント、つまり同調する、同意する、という意味です。予約ができるということに同意するのでなくて、お客さまが来店したプロセスについて同意するという意味です。土曜日だって空いている時はある、突然のキャンセルもある、カットできる可能性もある、と思った気持ちに同調する。本来の希望「カットしたい」という気持ちに同調する。これがアグリーメントアクションです。

　お客さまの要望を一旦受け止めてから、あらためて対応をする。つまり、接客はバレーボールのようにすぐ跳ね返すのではなく、ボールを受け止めてから狙いを定めて投げ返すドッジボールのスタイルで行なってください。

アグリーメントアクション①　言葉をリピートする

　同調するコミュニケーション、アグリーメントアクションにはいくつかのパターンがあ

アグリーメントアクション①　言葉をリピートする

アグリーメントアクションの基本＝〝リピート〟繰り返し〟

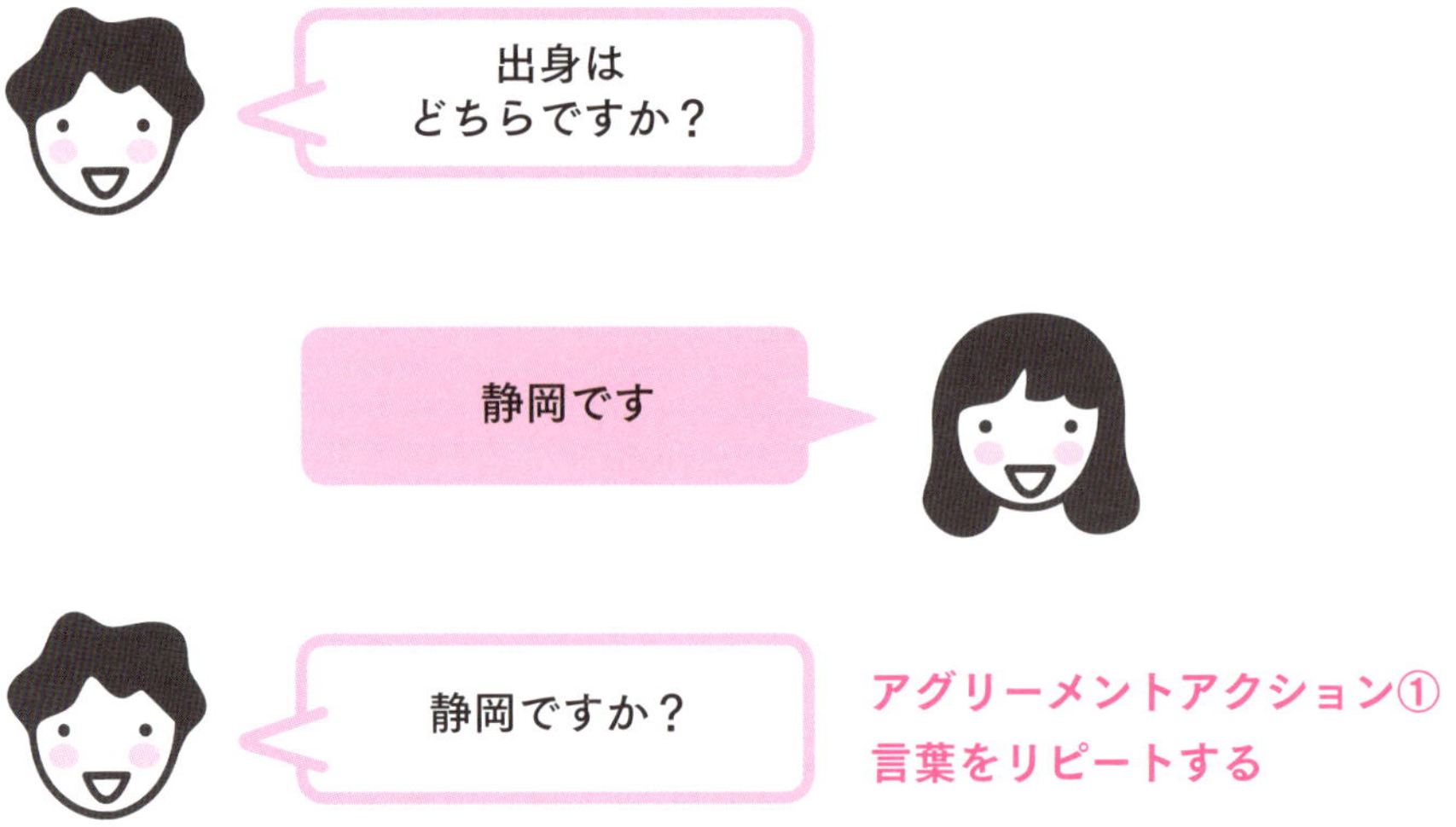
出身は
どちらですか？
静岡です
静岡ですか？
アグリーメントアクション①
言葉をリピートする

まずはリピートする
➡会話を続けるきっかけ

リピート
＝共感力コミュニケーションでもっとも簡単、
かつ効果のあるテクニック

ります。その基本は〝リピート〟繰り返しです。お客さまが言ったことをまずはくり返す。それによって、お客さまは自分が言ったことが相手に伝わった、相手が理解した、と感じられるので安心感を持つことができるのです。それが居心地のよい会話につながります。お客さまのごきげんにつながるのです。

「ご出身はどちらですか?」と聞いて、「静岡です」とお客さまが答えたら、どうしますか。そうです。「静岡ですか?」と繰り返せばよいのです。

お客さまが「静岡です」と答えた後にリピートがなかったらどうなるでしょう。たいていの場合は「そうなんですね?」で終わってしまうのです。会話は続きません。まずはリピートする。会話を続けるきっかけをつくる。リピートが共感力コミュニケーションのなかで一番簡単でかつ効果のあるテクニックです。すぐに現場で試してみましょう。「お休みの日はお出かけですか?」、「映画を見に行きます」、「映画ですか!」のようにどんな会話にもリピートするチャンスはたくさんあります。リピートが無意識にできるようになるまで練習するとよいですね。

アグリーメントアクション②　仮説を立ててトレースする

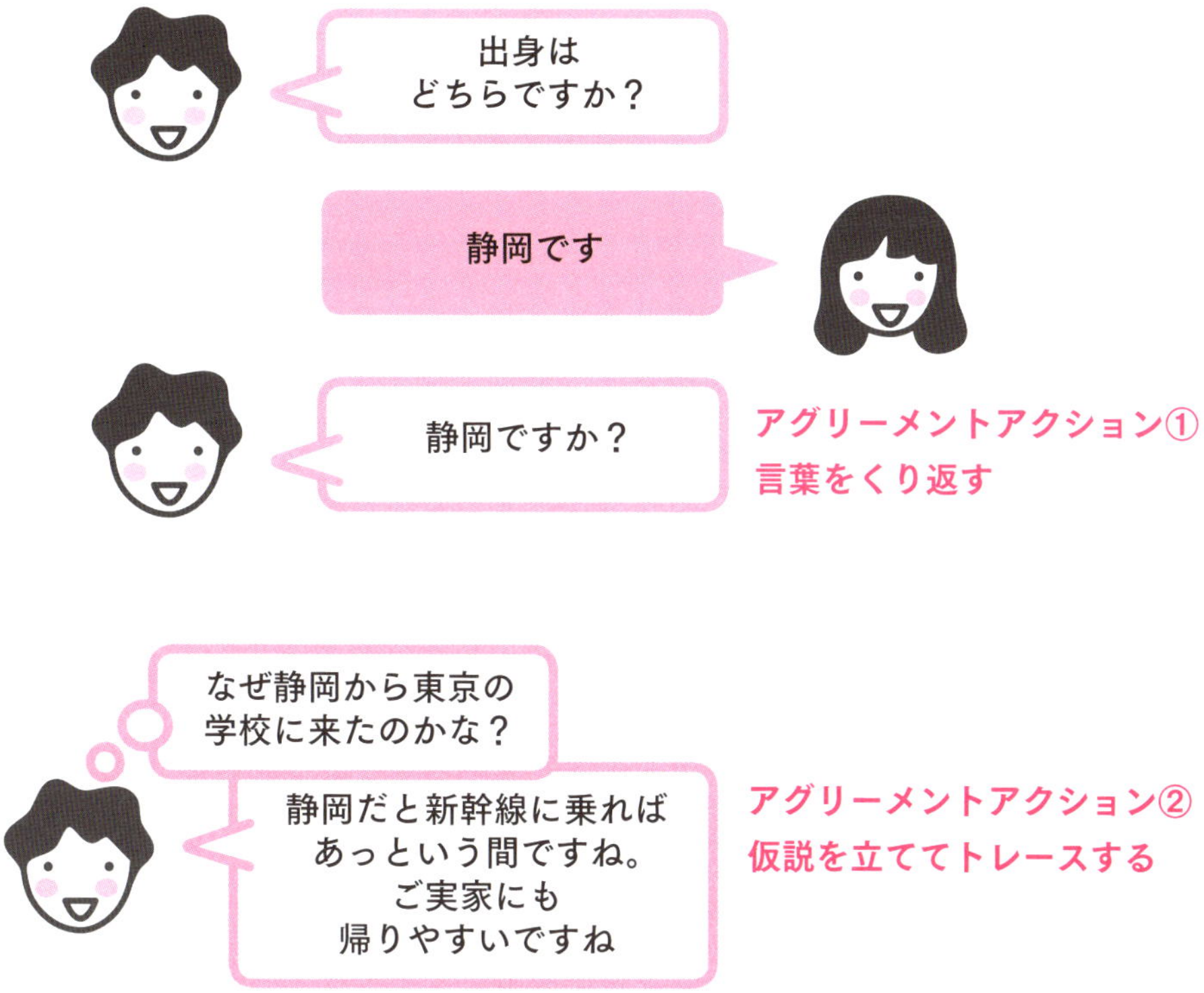

「この人は何で～かな？」と想定する＝共感

アグリーメントアクション②
仮説を立ててトレースする

リピートは比較的簡単ですが、その後の会話が続きません。「静岡です」、「静岡ですか」まではよいですが、その先を続けるには少し上級のテクニックが必要になります。

共感力コミュニケーションはお客さまの心に寄り添うコミュニケーションです。常に「WHY？（なぜ？）」や「WHAT？（何？）」の視点を忘れないことです。お客さまに興味を持つことです。お客さまに興味を持てば、もう少し詳しく知りたいと思ったり、聞いたことをさらに確認したくなったりします。それが〝リプレイスメント〟置き換えといわれている手法です。「静岡です」、「静岡ですか？」の後に、「静岡っていっても広いな。静岡のどこだろう？」というWHAT？　の疑問が浮かべば自然とそれが知りたくなります。その興味を質問に置き換えればよいのです。

あるいは、お客さまが学生だとしたら、なぜ静岡から東京の学校に来たのかな？　というWHY？　の疑問が浮かびます。その答えを自分で仮説を立て、投げかけてみる。それ

言葉を置き換えるリプレイスメント

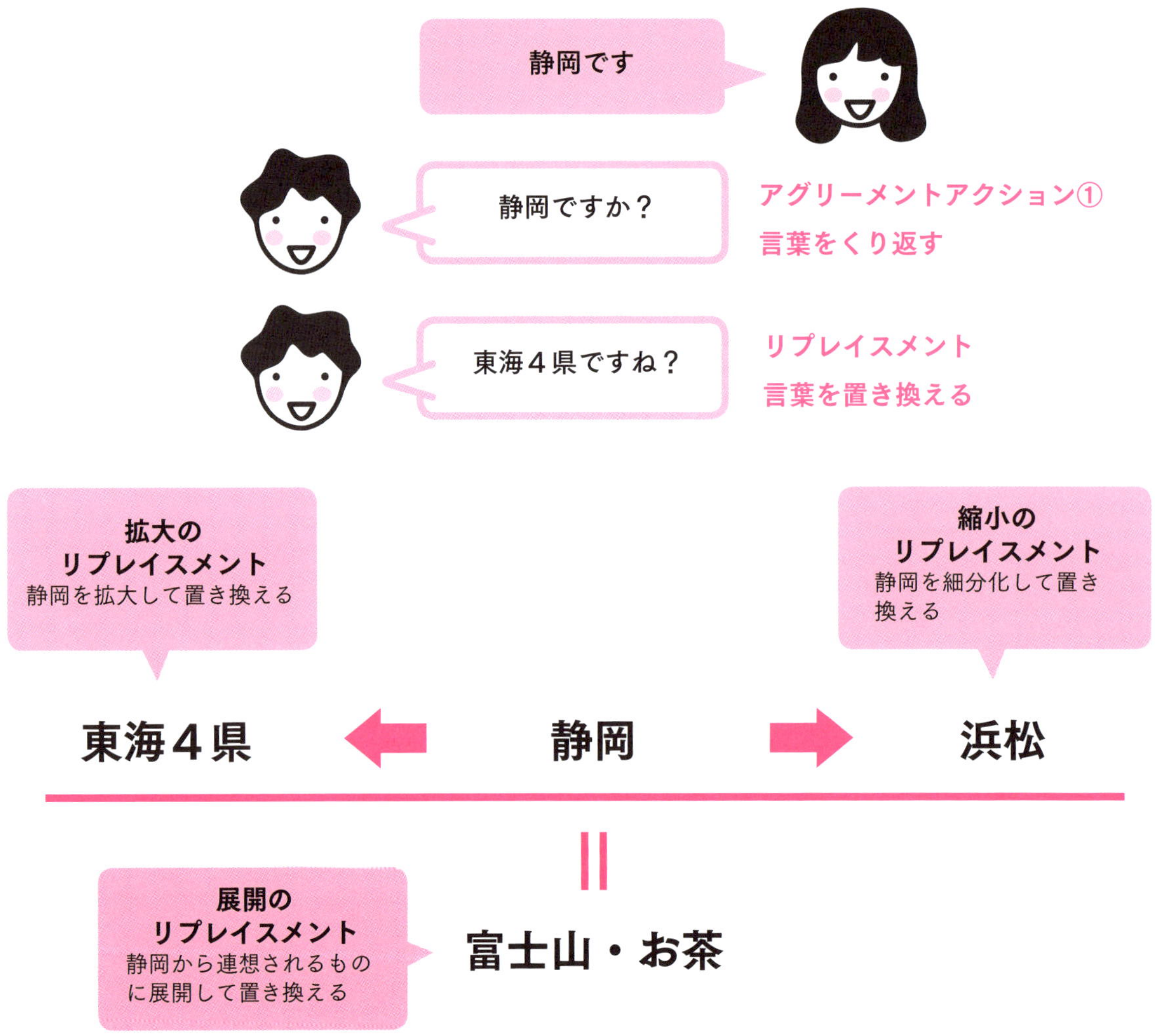
静岡です
静岡ですか？
アグリーメントアクション①
言葉をくり返す
東海４県ですね？
リプレイスメント
言葉を置き換える
拡大の
リプレイスメント
静岡を拡大して置き換える
縮小の
リプレイスメント
静岡を細分化して置き換える
東海４県
静岡
浜松
展開の
リプレイスメント
静岡から連想されるものに展開して置き換える
富士山・お茶

もアグリーメントアクションのひとつです。「静岡だと新幹線に乗ればあっという間ですね。ご実家にも帰りやすいですね」と自分が立てた仮説をトレース（なぞる）してみる。すると、相手は自分に対して、深い興味を持ってくれている、と感じてくれるのです。

アグリーメントアクション③ リプレイスメント

アグリーメントアクションとは、相手が発した言葉に対して、興味を持ち、ひとつずつ丁寧に受け止めていくことだといえます。

それを強く伝えられるのが〝リプレイスメント〟という手法です。「静岡です」、「静岡ですか？」のリピートの後に、〝静岡〟について、じっくり考えてみる。もう一度、〝静岡〟というものを、じっくり眺めてみる。相手の〝静岡〟について興味をさらに持ってみる。「静岡ですか」、「（静岡というと）浜松ですか？」と静岡をさらに細分化して〝置き換えてみる〟のが縮小のリプレイスメントです。「静岡ですか」、「（静岡といえば）東海４県ですね？」と静岡を拡大して置き換えた場合を拡大のリプレイ

サロンで使うアグリーメントとリプレイスメント

この後、ヘッドスパをしてみようかしら
ヘッドスパでございますね
アグリーメントアクション①
言葉をくり返す
ありがとうございます！
「何で突然ヘッドスパかな？」「お友達の口コミかしら？」と想定
ヘアスタイルだけじゃなく、ヘアケアにもご興味をお持ちですね？
アグリーメントアクション②
仮説を立ててトレースする
頭は全身のキレイのもとですね
お客さまの動機を褒める仮説

スメントといいます。さらに、静岡から連想されるものに展開するのが展開のリプレイスメントといいます。静岡＝富士山、静岡＝お茶など、静岡から展開したものに置き換える、これが展開のリプレイスメントです。「静岡ですか」、「富士山ですね」あるいは、「お茶どころですね」などです。

　このようにアグリーメントアクションとは、相手が発した言葉に「そうなんですね」とバレーボールで返すのではなく、自分の胸に抱き込み、興味を持って観察し、自分の視点を入れて投げ返すドッジボールのコミュニケーションなのです。

サロンで使うアグリーメントアクション

　実際のサロンではアグリーメントアクションはどのように生まれているのでしょう。「この後、ヘッドスパやっていこうかしら?」とお客さまがおっしゃたら、まずはアグリーメントです。「ヘッドスパでございますね」、「ありがとうございます」。リピートするだけでなく、きちんとお礼の気持ちも伝えます。

3つの簡単共感力コミュニケーション

①お客さまの言葉を何度でもくり返す

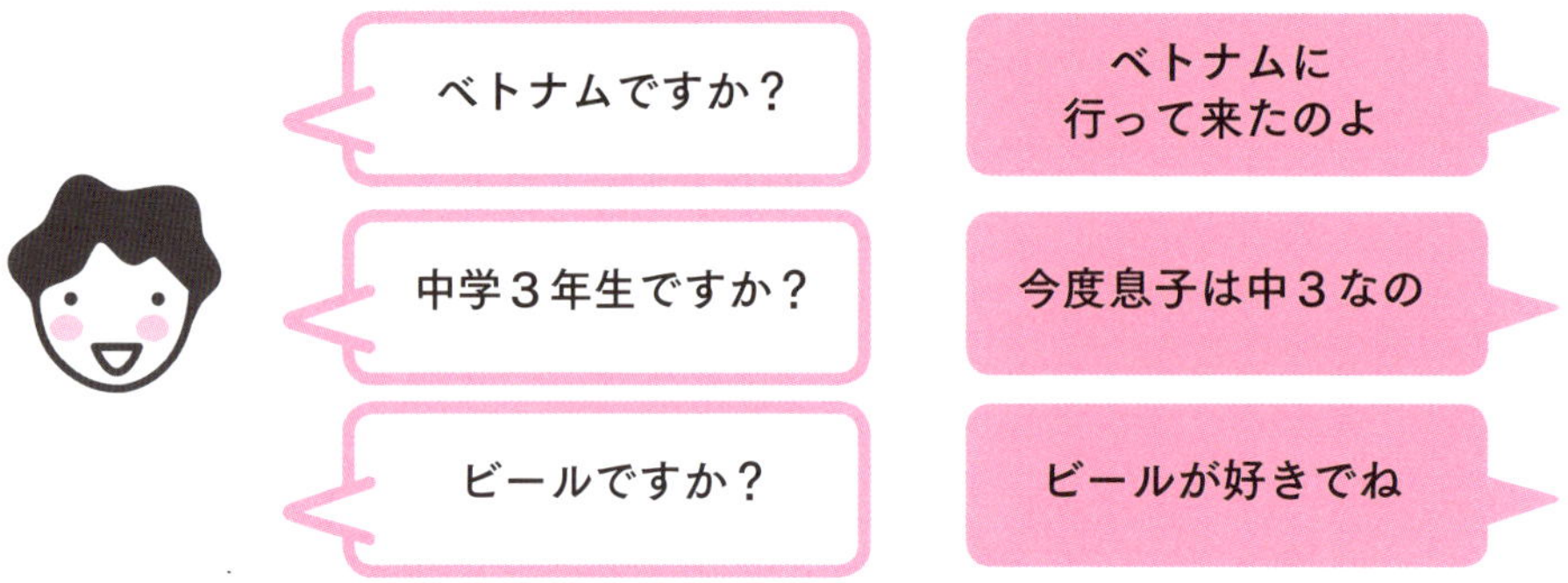
ベトナムに
行って来たのよ
ベトナムですか？
今度息子は中3なの
中学3年生ですか？
ビールが好きでね
ビールですか？

言葉をくり返すことで、お客さまは話していることが
ちゃんと届いていると感じ、会話の居心地がよくなる

さらにお客さまの気持ちをトレースして、仮説を立てるのです。「どうしてお客さまは今日、ヘッドスパをやりたいと思ったのだろう?」と自分に向けてWHY？　の疑問を投げかけます。「キャンペーン中のポスターをご覧になったのかもしれないし、お友だちからヘッドスパのことを聞いたのかもしれない、最近はヘアスタイリングよりもヘアケアに興味が集まる時代だからかな?」などといくつかの仮説を同時に立てます。これを水平思考といいましたね。そのなかから、もっともお客さま目線の内容を瞬時にピックアップする、これが仮説のトレースです。「お客さまもヘアケアにご興味がありますか?　頭は全身のキレイの素のようですね」とお客さまのヘッドスパへの動機を褒めるような仮説を伝えることによって、お客さまはよりごきげんな気持ちでヘッドスパを受けることができるのです。

今から使える3つの簡単共感力コミュニケーション

アグリーメントアクションを、リピート、リプレイスメント、仮説のトレースとフルセットで常にキープするには、相当なトレーニングが必要です。接客時だけでなく、日頃の生活の中でもこのコミュニケーションを心掛けるようにしないと、なかなか身につきません。あせらず、楽しみながら習得していってください。

次に、すぐに使える簡単な共感力コミュニケーションをご紹介します。

①言葉を何度でもくり返す

これは、アグリーメントアクションの基本ですが、無意識でもできるように心掛けてください。「ベトナムに行ってきたのよ」、「ベトナムですか?」や、「今度息子は中3なの」、「中学3年生ですか?」、または「ビールが好きでね」、「ビールですか?」といった感じです。とにかくくり返す。これがお客さまに安心感を与えるのです。

②名前を呼ぶ

接客の際に、できるだけたくさんお客さまの名前を呼びます。名前は呼ばれたら呼ばれた数に比例して、相手は親近感を強く持つようになります。ですから、接客の際、お客さ

②お客さまの名前を呼ぶ

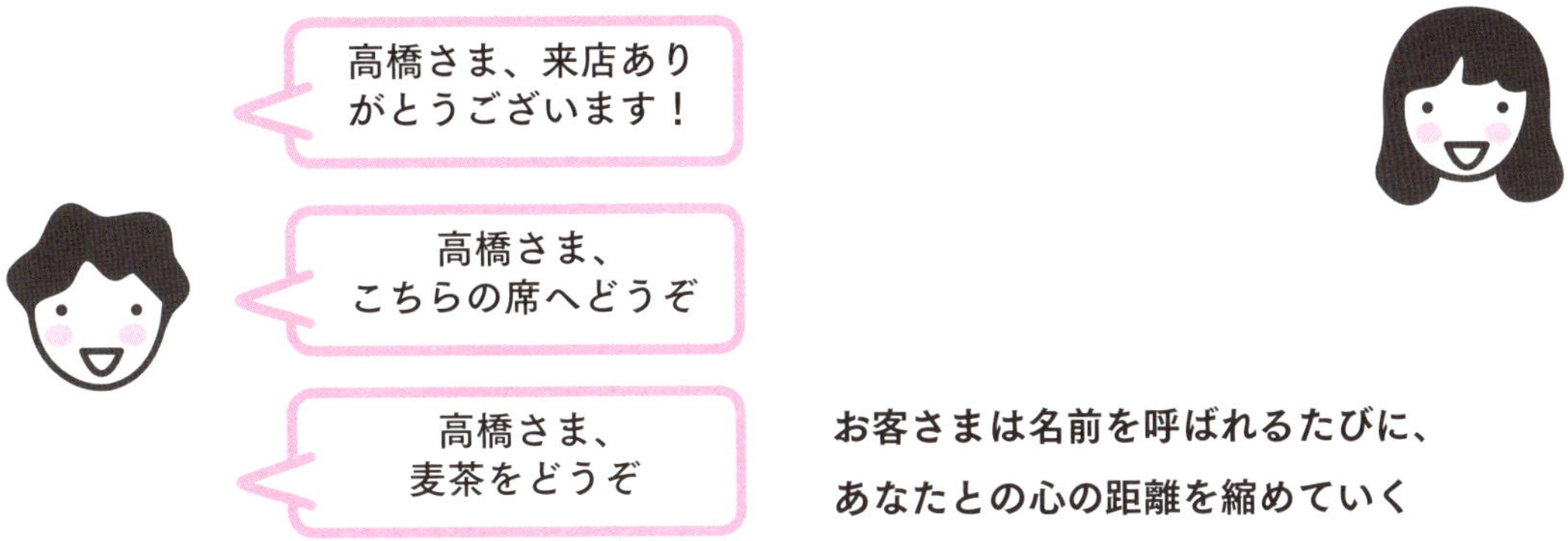
高橋さま、来店ありがとうございます！
高橋さま、こちらの席へどうぞ
高橋さま、麦茶をどうぞ

お客さまは名前を呼ばれるたびに、あなたとの心の距離を縮めていく

③お客さまとアイコンタクトをとる

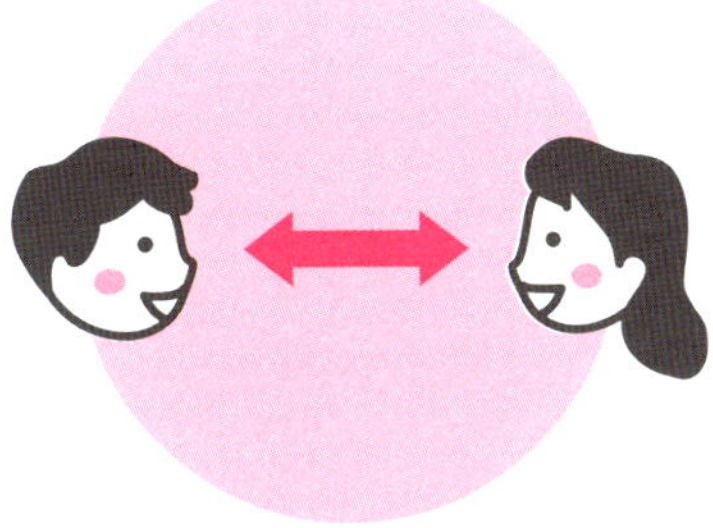

アイコンタクトは回数が多ければ多いほど、お客さまとの親密性を高める

まに声掛けする際には常に名前を添えることを心掛けてください。「高橋さま、いらっしゃいませ」、「高橋さま、こちらでございます」、「高橋さま、ありがとうございます」、「高橋さま、ピアスをこちらに置きます」など、必ず名前とともに声掛けをする習慣をつけると、お客さまはあなたのことをどんどん好きになり、また来てくださるお客さまへと進化していきます。

③アイコンタクトをとる

〝アイコンタクトの回数と時間は親密度の高さと比例する〟という心理学のデータがあるように、人は人と目が合うと気持ちを通じ合わせようとする習性があります。ですからアイコンタクトをとればとるほど、相手と仲よくなれるのです。カウンセリングの時からできるだけアイコンタクトをとるようにしましょう。

特に日本人は感情を相手の目から感じとる傾向があります。目を見て話す人には信頼感を持つのです。施術中も、何かを説明する時、大切な話の時、相手が大事なことを言っていると思う時、そんな時は必ず顔を上げ、目を合わせて話をしましょう。サロンには鏡があります。鏡を通してのアイコンタクトでも十分です。名前を呼んで、目を合わせる。この回数が多ければ多いほど、お客さまはあなたのことを好きになってくれます。また来てくれるお客さまになってくれます。

お客さまをふきげんにする話し方ランキング

ワースト1	聞きとりにくい小さな声
ワースト2	早口
ワースト3	聞きとりにくい語尾
ワースト4	上がる語尾
ワースト5	事務的な話し方

- アグリーメントアクションとは、お客さまの言葉をリピート、置き換え、感情のトレースすること。お客さまの言葉を受け止め、自分の視点を入れて投げ返すドッジボールスタイルのコミュニケーションです
- お客さまの言葉を何度もくり返し、お客さまの名前を毎回呼びましょう。常にアイコンタクトをとると、お客さまはあなたを好きになります
- 聞きとりにくい小さな声はもっともお客さまをふきげんにする話し方です。注意しましょう

お客さまをふきげんにする話し方ランキング5

反対に、お客さまをふきげんにする話し方をランキングで紹介します。

ワースト5　事務的な話し方

マニュアル通りの事務的な話し方は冷たく聞こえます。お客さまの話に共感することで、おのずと感情が込もった話し方ができるはずです。

ワースト4　上がる語尾

「ありがとうございまーす。ご覧くださいませ〜」といったように、語尾を上げる話し方はもっとも下品な話し方です。

セールスの世界では語尾が下がると単価が上がるといわれています。語尾が下がる丁寧な話し方は高級感を演出します。逆に、語尾が上がると単価が下がるということ。安っぽいサロンになってしまいます。語尾を下げて、格調あるサロンを印象づけましょう。

ワースト3　聞きとりにくい語尾

「これで！」、「どうも！」と、つい軽い調子で語尾を略しがちですが、お客さまに対しては決して略したりせず、きちんと語尾まで言いましょう。

ワースト2　早口

人は頭の中でも言語を使って考えます。「今晩は何を食べようかな」など、頭のなかで思い浮かべる言葉は、実はその人が話す速さで考えています。ゆっくり話す人はゆっくり考えていますし、速く話す人はスピーディに物事を考えています。ですから相手が話すスピードより速く話すと、理解が追いつかず、こちらが言いたいことが伝わりません。早口にならないように気をつけましょう。

ワースト1　聞きとりにくい小さな声

聞きとりにくい小さな声は聞き手に大変なストレスを与えます。聞き返されるなら声を張って、言い回しを変えるなど、伝わるように話をしなくてはいけません。

2

How to use "kyou-kan ryoku" in hair salon.

お客さまをごきげんにする印象づくり

印象は言葉よりもずっと、サロンの評価を左右します。

サロンの印象アップ、スタッフの印象アップの秘訣がここにあります。

第一印象はサロンの未来をつくる

お客さまはスタッフやサロンが好きになると、〝また〟来てくれます。その好きは、〝雰囲気〟というとても曖昧な感覚からつくられていきます。いわゆる〝印象〟です。お客さまのサロンに対する印象はどのようにつくられるのでしょうか。お客さまはどのように印象を感じるのでしょうか。

お客さまとサロンには、必ず〝初対面〟があります。どんなお客さまでも、初来店があります。その時感じる印象が第一印象です。実はこの第一印象というのは一度つくられるとなかなか変更がきかないやっかいな印象です。ですので、第一印象は注意深くつくっていくべきなのです。さらにやっかいなのは、第一印象はたった9秒でつくられてしまう、ということです。お客さまがお店に入って、受付まで歩いて、バッグから予約カードをとり出すあたりまでです。たった9秒ということは、全員が施術中だったりすると、来店に気づかず、いらっしゃいませのご挨拶さえできなかった、ということさえありそうです。

最初の印象、真ん中の印象、最後の印象

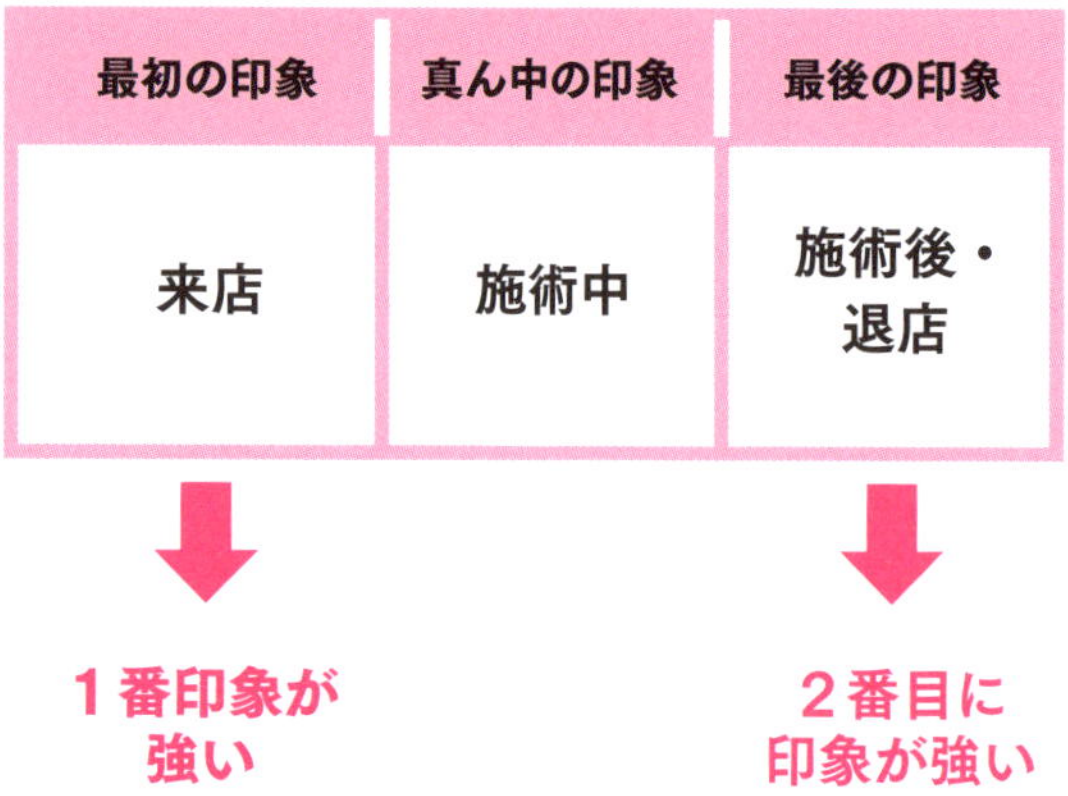

最初の印象
真ん中の印象
最後の印象
来店
施術中
施術後・退店
1番印象が強い
2番目に印象が強い

印象の9割は言語以外の情報で判断される

言葉による伝達情報はたったの7％。
93％は目と耳で感じた情報で印象は決まる

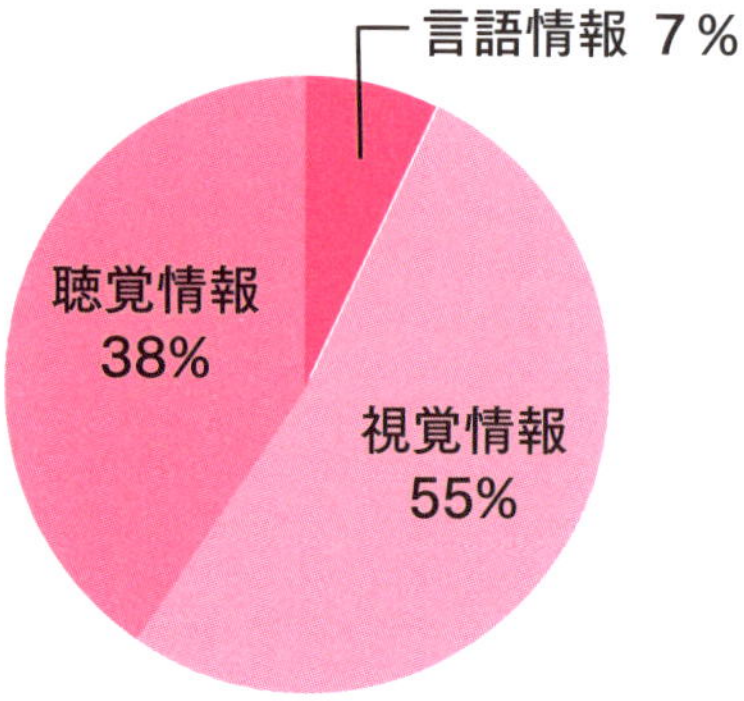

言語情報 7％
聴覚情報 38％
視覚情報 55％

また美容師自身の第一印象にも同じことがいえます。鏡の前に来て、「本日担当の○○です。よろしくお願いいたします。それでは、本日は……」と言うか言わないかくらいで9秒はたってしまいます。この短い時間でお客さまは、サロンが好きか、美容師が好きか、ほぼ決めてしまっているのです。自分では意識していなくても、感じてしまっているのです。第一印象はそれほど大事なのです。

印象というものは、言葉だけでなく、視覚や聴覚で認知されます。言葉の印象というのはわずか7パーセントしかなく、残りは見た目や音で決まるのです。言い換えると、同じ言葉でも、表情や姿勢、さらに言い方、などによって全く違う印象として残ってしまうのです。「ごめんなさい」という言葉は、言葉のうえでは〝謝罪〟を意味します。しかし、その言葉を相手の顔も見ずに、ふてくされた表情であぐらをかきながら言い放ったらどうでしょう。全く謝罪の気持ちのないことはあきらかです。言葉は多くを伝えることはできません。逆に言うと言葉で伝えたいこと以外のことが伝わってしまうのです。

お客さまに謝った、と思っていても、視覚と聴覚に別のメッセージが潜んでいた、ということにならないように、コミュニケーションは全身全霊で正直にすすめなければなりません。職場でも、「あの人の言っていることは確かに正しいけど、言い方ってあるよね」という噂をされる人がいるかもしれません。共感力がないばかりに、トラブルを起こしやすい人の典型です。〝言うこと〟よりも〝言い方〟が大切なのです。

優先順位で覚える3つの印象

お客さまが来店してからお帰りになるまでの間が、お客さまがサロンに対する印象を感じる時間です。

その時間を3つに分けると、〝最初の印象〟、〝真ん中の印象〟、〝最後の印象〟となります。このなかで一番大切なのは前述の通り、〝最初の印象〟、第一印象です。第一印象は、入店時に感じられ、その印象はお帰りになるまで持続します。

次に大切なのはどちらの印象でしょう。実は施術時の〝真ん中の印象〟よりも、〝最後の印象〟の方が強く残ります。お客さまの記憶

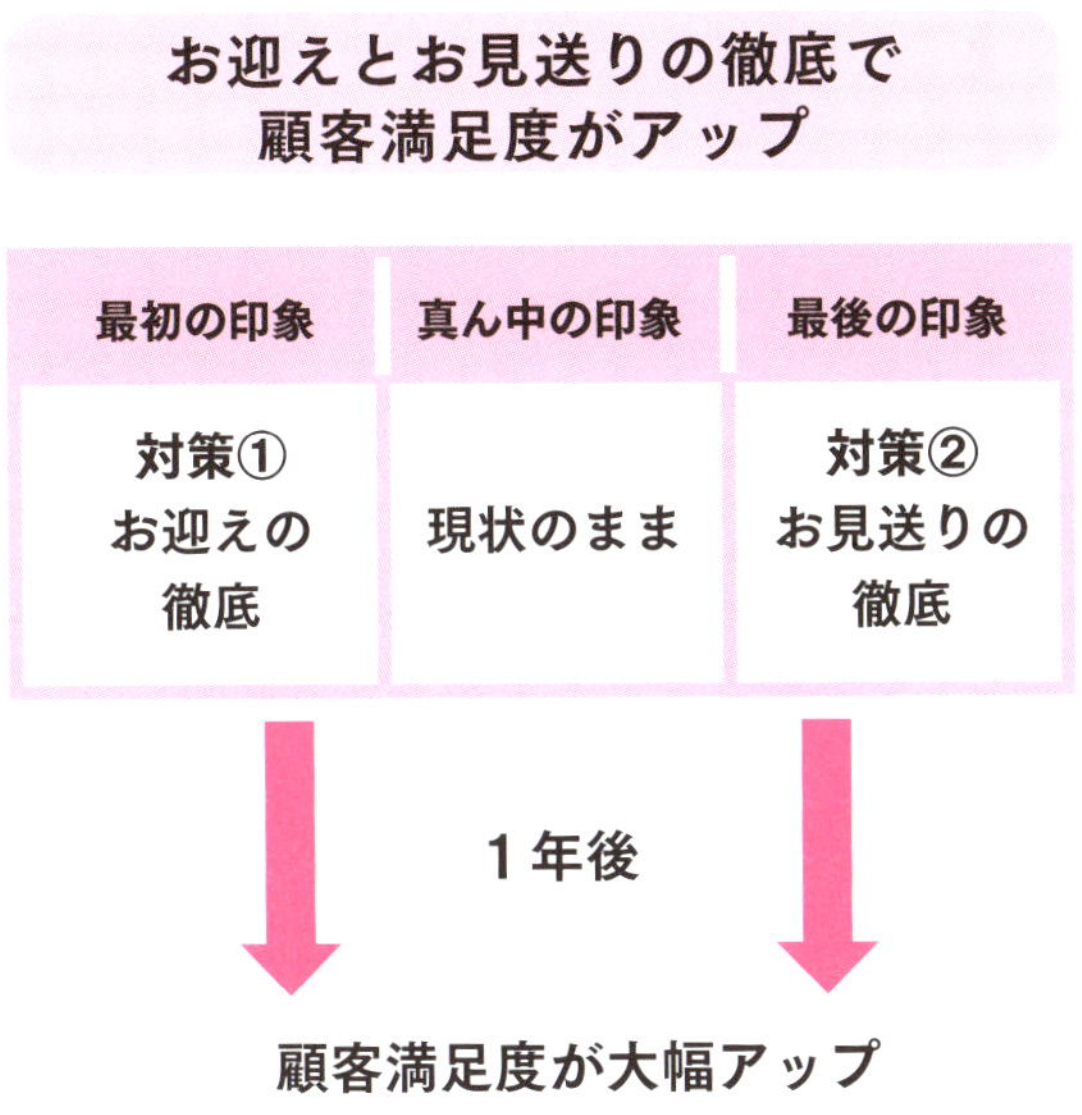
お迎えとお見送りの徹底で
顧客満足度がアップ
最初の印象
真ん中の印象
最後の印象
対策①
お迎えの
徹底
現状のまま
対策②
お見送りの
徹底
1年後
顧客満足度が大幅アップ

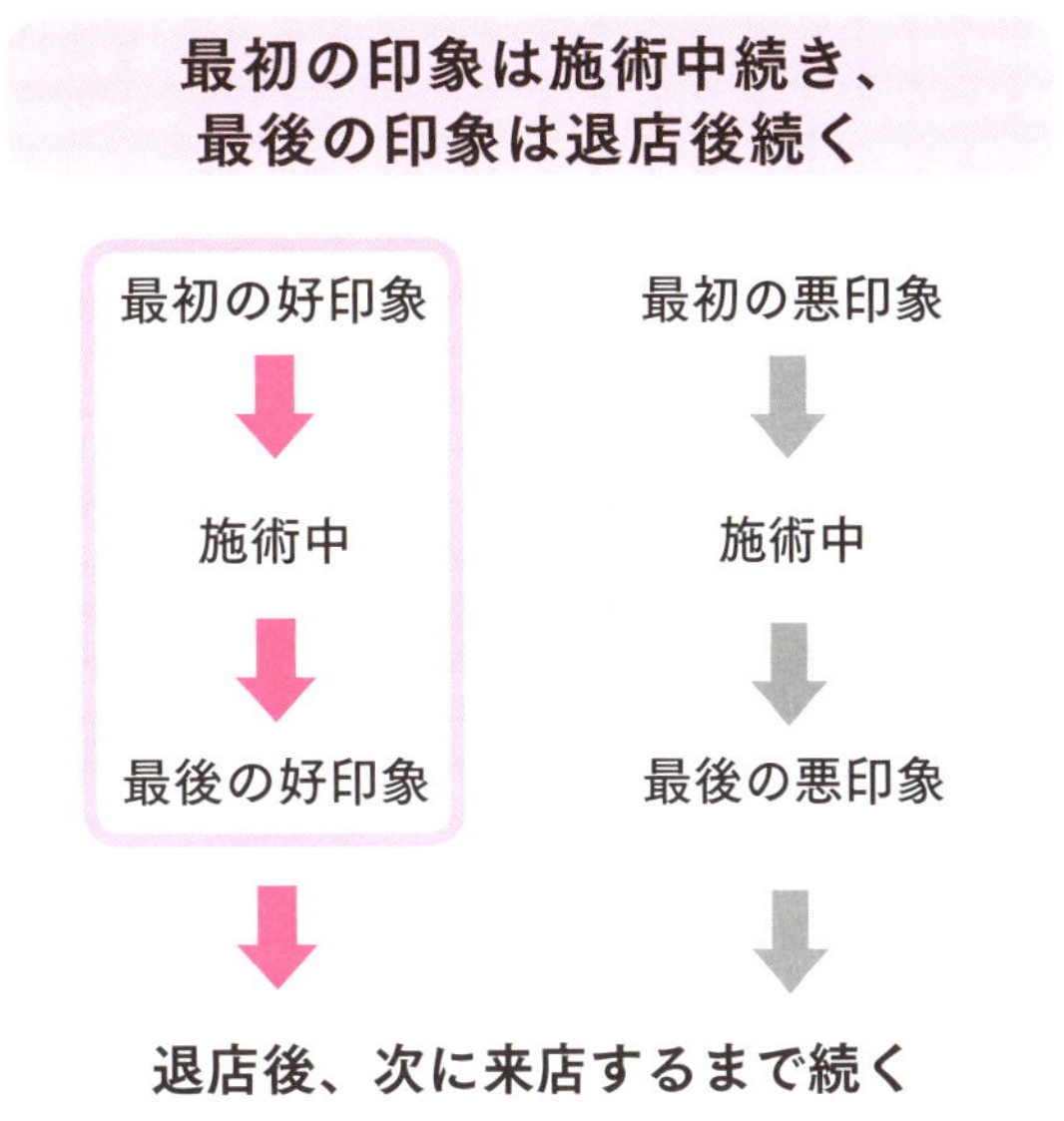
最初の印象は施術中続き、
最後の印象は退店後続く
最初の好印象
施術中
最後の好印象
最初の悪印象
施術中
最後の悪印象
退店後、次に来店するまで続く

には真ん中の印象より、最後の印象の方が強く残るのです。最後の印象は退店後、ずっと残る印象です。なぜなら、サロンの記憶のなかで一番新しい記憶だからです。最後の印象がいつまでも心に残ることを〝ピークエンドの法則〟も証明しています。サロンの印象をよくしたいと思ったら、〝始めと終わり〟を改善することです。

お迎えとお見送りが顧客満足を変えた事例

ある地方のカーディーラーの話です。顧客満足（CS）が最下位だった店舗で、とにかくCSを上げるために立てた対策が、最初の印象づくりと最後の印象づくりの徹底でした。この時、接客そのものにはあまり手をつけませんでした。

まず最初の印象のお迎えを変えました。この店舗にはお客さまが車で来店していたので、車が駐車場に入ってきてからの最初の9秒間が勝負になります。一日中、社員が交代しながら駐車場の車を見張って仕事をしました。お客さまの車が入ってきたら、事務所を飛び出して、一目散に車に向かって走ります。これはお客さまの車のバックミラーに映るためです。車が停まったら「いらっしゃいませ‼」と元気よく挨拶し、ドアを開けたら、「頭にお気をつけください！」と言って案内をします。これで、来店した最初の9秒間、ずっと自分の姿を車のバックミラーに映し続けたわけです。

次に、最後の印象です。これは、お客さまの車が見えなくなるまでお見送りをしました。直線道路沿いにある店舗だったので、いつまでもお客さまの車が見えるのですが、それでも最後までお見送りをしました。実はこのお見送りが、店の前を通る車からも注意を引き、結果、地域で評判を呼びました。

最初と最後の印象づくりを徹底して1年。CSは県下2位にランクインしました。最初と最後の印象はとても重要だとおわかりになったと思います。どの業界でもお迎えとお見送りはとても大事です。

印象をつくるABC

その大切な第一印象は3つの要素でつくら

第一印象をつくるABC

A	appearance	みなり	みだしなみ
B	behavior	みぶり	身体の動き
C	conversation	言葉	会話の印象

→ 第一印象をつくる

みなりはコミュニケーションの意思表示

○ きちんとしたみなり
↓
お客さまへの感謝の気持ちを示す

× だらしないみなり
↓
お客さまに対して「この程度でいい」という評価・心のあらわれ

れます。ＡＢＣから始まる言葉でまとめると①Appearance（アピアランス）、②Behavior（ビヘイバー）、③Conversation（カンバセーション）となります。簡単にいうと、みなり、みぶり、ことば、ということです。みなりは身だしなみです。みぶりは、身体の動きです。姿勢のよい立ち方、テキパキとした歩き方、丁寧なしぐさ、感じのよい笑顔など、身体からつくられる印象です。日頃から意識しないとなかなか身につきません。言葉は、基本の敬語や、話し方や相づちなど、会話の印象です。大人になっても、正しい敬語を使うことは容易ではありません。だからこそ、日々、注意深く言葉を選ぶ習慣をつけることが大切です。

この3つの印象が重なりあって、第一印象はつくられるのです。こうして考えると、第一印象とは、毎日の積み重ねがつくり出すということがわかります。

みなりはコミュニケーションの意思表示

なぜ、みなりが大事なのでしょう。美容師は技術が命だから、みなりなんてどうでもいいはず……と思っている人もいるかもしれません。美容室ジプシーに対してなら、それでもよいでしょう。しかし、また来てもらえる美容師になるためには、お客さまに好きになってもらう、お客さまとごきげんな関係をつくることが第一です。

であるならば、みなりはとても大切です。みなりが多くを語ってしまうからです。例えば、結婚式に招待されてスウェットスーツで参列する人はいないでしょう。しかし、近所のコンビニだったら平気でスウェットスーツで買い物に行くでしょう。この違いは何でしょう。それは、着る側が相手を〝評価〟して、〝判断〟しているのです。コンビニだったら「スウェットでいい」というのは、コンビニは「スウェットで行っていいくらいのどうでもいい場所だ」と、相手を評価して、判断していることになります。

もしも、結婚式にスウェットで参列したら、「○○の結婚式はスウェットで参列していいくらいのどうでもいい場所だ」と相手を評価して判断したことを意味します。つまり、その人の服装は〝相手への評価〟のあらわれなのです。

みなりに費やす時間はお客さまへの愛情

よいみなりは、みなり自体が〝時間〟を伝える

よいみなりは、その日会うお客さまに費やした時間を伝える

↓

お客さまへの感謝・愛情

仕事のみなりを整える時間とは

有名レストランの給仕長

毎日お客さまをお迎えする前に、15分もの間、靴を磨く

↓

お客さまを最高の状態でお迎えする〝覚悟〟を磨く

よい身なりにするために必要な時間

接客業　約30分

高額商品を扱う場合　40分

美容は高額商品

➡美容師が身なりにかける時間　40分

※いずれも女性の場合

お客さまを前にして、だらしないみなりをしているということは、美容師がお客さまを〝低く評価〟していると伝えることになります。みなりはそれ自体がコミュニケーションです。出会ったとたんに、伝わってしまうコミュニケーションです。

わざわざサロンに足を運んでくださるお客さまに感謝の気持ちを伝えられるのは、まずはみなりなのです。

みなりにかける時間は心を磨く時間

よいみなりでいるために絶対に必要なことは何でしょう。上等なスーツでもなく、最新のドライヤーでもありません。よいみなりでいるためには、〝時間〟が必要なのです。時間さえあれば、みなりは誰でも整えられます。みなりの悪い人は、みなりに時間をかけていないだけなのです。よいみなりは、それ自体が〝時間〟を伝えます。その日に出会うお客さまへの費やした時間を伝えます。それこそが、感謝です。お客さまへの愛情です。

よいみなりを整えようと思ったら、サロン

身なりの基準はお客さま目線で

- お客さまに好かれるか嫌われるかは８割が印象で決まり、特にみなり、みぶり、ことばの第一印象で判断されます
- サロンの印象を改善するなら、最初の印象と最後の印象を変えることです
- よいみなりはお客さまへの感謝のあらわれです。毎朝40分かけてよいみなりつくりましょう

仕事のファッション①

× How to I〝want〟 自分が着たい

○ How do I〝look〟 自分がお客さまからどう見えるのか

仕事のファッション②

×いいと思う人がいるからいい

○お客さまのなかで、ひとりでも嫌だなと思うような装いは控える

にいる時間ではなく、朝、自宅にいる時の時間が必要になります。家を出るギリギリの時間に起きていたらみなりは整えられません。ましてや寝坊などしたら、みなりはボロボロなはずです。お客さまを大切に思う気持ちがあれば、みなりを整えるために早起きをして、自分の時間を使うようになります。

ある有名なレストランの給仕長は、毎日お客さまをお迎えする前に15分も靴を磨くそうです。実際に靴を磨くのであれば15分はかかりません。それでは、その給仕長はいったい何を磨いているのでしょう。

〝覚悟〟を磨いているのです。お客さまを最高の状態でお迎えする〝覚悟〟です。みなりが心をあらわすということを知るよい例ですね。

みなりの意味を知り、今日からみなりに時間をかけようと思ったあなたは、どれくらいの時間をかけたらよいのでしょうか。販売心理学から導き出された数字によると接客業に携わる女性の場合、必要とされる時間は30分です。さらに高額商品を扱う接客業の場合は40分とされています。美容はもちろん高額商品です。ですから、毎朝40分の時間をとってみなりと心を磨いておきたいものです。

今日の自分の見た目の理由は？

今日、身につけているものの理由を言えますか。流行りだから、春っぽいからなどの理由があるかもしれません。それはそうと、そこにお客さまから見たらどうか、という視点がなくてはいけません。

例えば、国民的アイドルのユニフォームやファッションというのは、老若男女問わず好感度が高いものです。今のトレンド感を入れつつも、威圧感は感じさせないですし、もちろん不潔感や不吉な感じがないものです。

ファッションは、自分が着たいもの How to I〝want〟ではなく、How do I〝look〟です。自分がお客さまからどう見えるのか、という視点でコーディネートすることが大事です。みんながいいと思うものを身につけるように気をつけないといけません。

また、スカルやカモフラージュ柄が嫌いな人がなかにはいるかもしれません。いいと思う人がいるからいい、ではなくて、ひとりでも嫌だなと思うような人がいたら、それは着るのを控えなくてはなりません。

How to use "kyou-kan ryoku" in hair salon.

3 あなたのサロンは have to salon? want to salon? 義務来店／期待来店

あなたのサロンはお客さまの〝行きたい場所〟ですか？

〝行かなきゃいけない場所〟になっていませんか？

〝行きたい場所〟になるカギは、ヘッドスパにあります。

義務来店と期待来店って？

「今度のお休みに美容室に行かなきゃ……」と言う人の気持ちはどんなものでしょう。この言葉からは「せっかくの休みが美容室でつぶれてしまう」、「髪が伸びちゃった。さすがにそろそろ行かないと」、「早く終わるといいけど」と、行きたくないのに、行かざるをえない気持ちが見えてきます。つまり、美容室に行くことを〝義務〟に感じています。

では、「今度のお休みはエステに行くの！」という人の気持ちはどうでしょうか。「お休みが楽しみ！」、「お肌がツヤツヤになるな」、「もっと長いコースにしたいくらい！」と、リラクゼーションや美肌効果を得られるエステに〝期待〟しています。

このふたつの場合、前者を〝義務来店〟I have to（〜しなければいけない）、後者を〝期待来店〟I want to（〜したい）といいます。

義務来店と期待来店

〝義務来店〟I have to（〜しなければいけない）

その心は…

「せっかくの休みが美容室でつぶれてしまう」
「髪が伸びちゃった。さすがにそろそろ行かないと」
「早く終わるといいけど」

今度のお休みに
美容室に行かなきゃ……

⬇

行きたくないのに、行かざるをえない
美容室に行くこと＝〝義務〟

⬇

〝義務来店〟

〝期待来店〟I want to（〜したい）

その心は…

「お休みが楽しみ！」
「お肌がツヤツヤになるな」
「もっと長いコースにしたいくらい！」

今度のお休みは
エステに行くの！

⬇

楽しみ、行くのが待ち遠しい
エステに行くこと＝〝期待〟

⬇

〝期待来店〟

期待来店のための3つのマジックワードとホスピタリティのセカンドステップ

美容サロンは、ヘアスタイリングやカラーリングをする場所ですから、施術中はいわば〝工事中〟のようなものです。施術をしている間は、椅子に座って、じっと待つだけです。できればこの時間は短い方がいい、と誰でも思います。ヘアカラーもできるだけ短い時間がいいに決まっています。歯医者さんの治療と同じです。

歯はきれいにしたいけど、行くこと自体は楽しみではない、というのが今までの美容サロンです。結果は期待しているけれど、滞在自体は〝我慢するべきこと〟なのです。

反対に、エステサロンはどうでしょう。施術自体が商品なので、できるだけ長く施術してもらいたい、と誰もが思います。ゆったりとした時間の中で、心も身体もリラックスしてゲンキとキレイを手に入れる。そこにいること自体が商品であり、そこにいる時間を期待して来店するのです。短い時間を求められる美容に対して、長い時間に価値があるエス

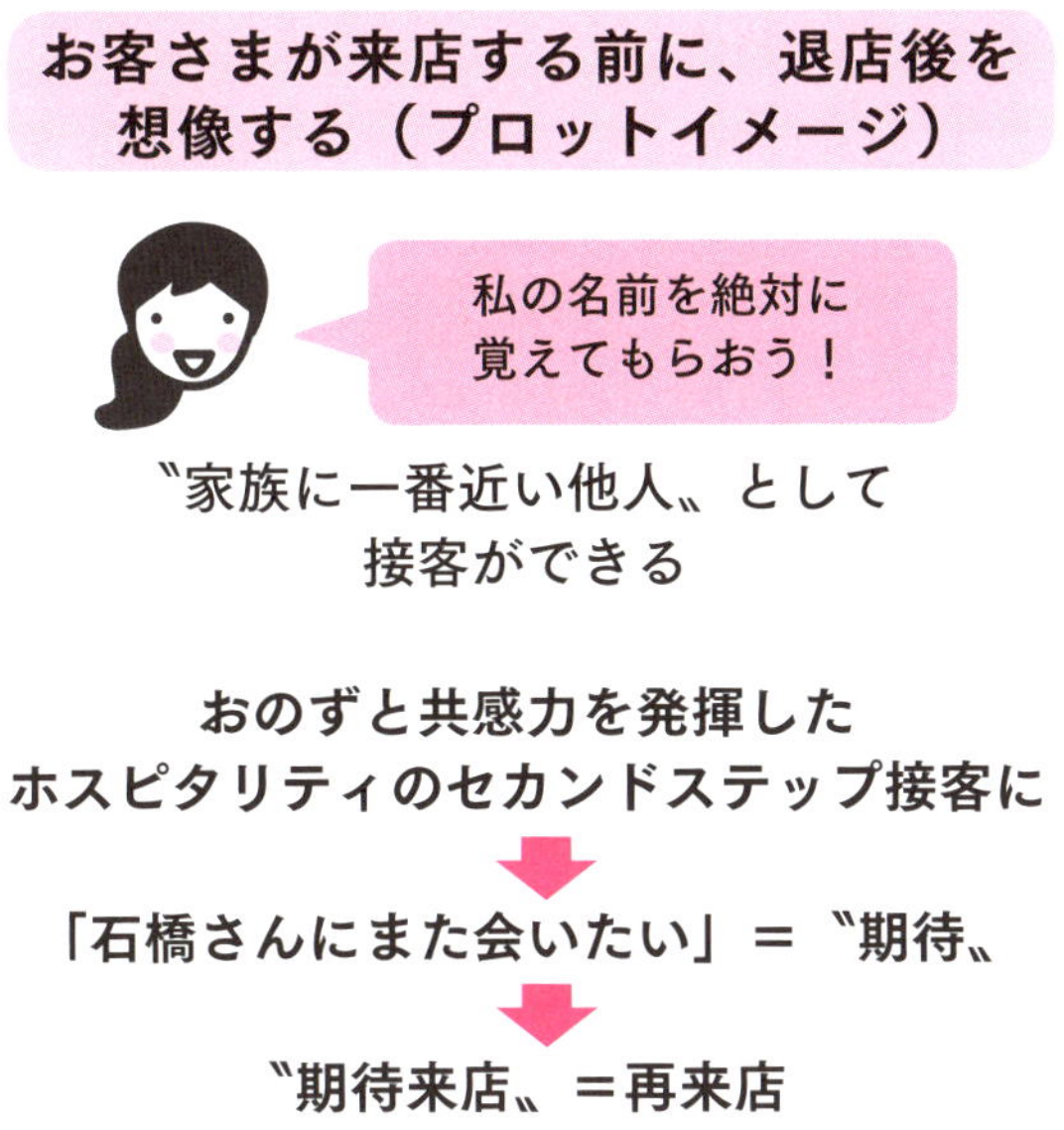
お客さまが来店する前に、退店後を想像する（プロットイメージ）
私の名前を絶対に覚えてもらおう！
〝家族に一番近い他人〟として接客ができる
おのずと共感力を発揮したホスピタリティのセカンドステップ接客に
「石橋さんにまた会いたい」＝〝期待〟
〝期待来店〟＝再来店

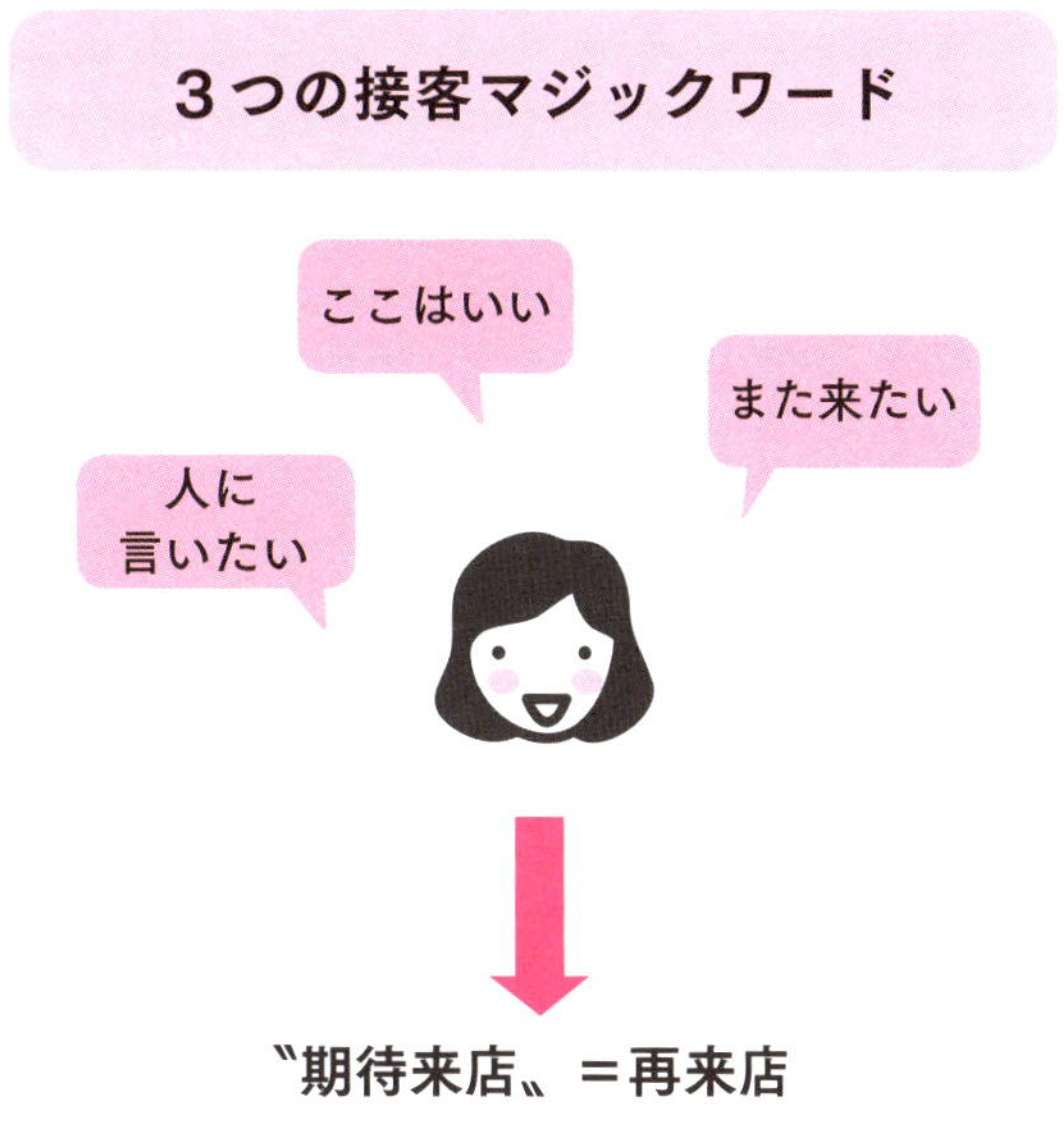
3つの接客マジックワード
ここはいい
また来たい
人に言いたい
〝期待来店〟＝再来店

テ。そもそも商品自体の性質が全く違います。そもそも、美容サロンは義務来店の性質を生まれ持っています。

では、そのサロンが少しでも〝期待来店〟の魅力を持つにはどうしたらよいでしょう。「また来たいな」とお店で思ってもらえて、「また行きたいな」と家で思ってもらえるサロン。

お客さまに同じサロンに戻ってきてもらうには、3つのマジックワードがお客さまの心に生まれるかどうかにかかります。①このサロンはいいわ、②また来たいわ、③人に伝えたい。これがまた来てもらえるサロンになるための3つのマジックワードです。

このマジックワードを生むにはどうしたらよいのでしょう。それはホスピタリティのセカンドステップの接客をすることです。お客さまも気づいていないこと、お客さまに言われていないこと、お客さまが本当はしてほしかったこと。しなくてもよいけど、してあげたら喜んでもらえること。それが感動の接客をつくります。また会いたいと思ってもらえます。会いたいと思うことも〝期待来店〟です。

商品の性質上、義務来店の場所である美容サロンも美容師のセカンドステップ接客で、お客さまに期待来店をしていただくことができるのです。

また会いたいと思ってもらうために、絶対に必要なことがあります。それは美容師の名前を覚えていただくことです。名前も知らない人に会いたいとは思いません。名前を知らない人を指名もできません。名前を覚えていただくにはどうすればよいか。ひとつの方法として、プロットイメージという手法があります。お客さまが来店する前に、お客さまがお帰りになる時のことを想像してみます。お客さまは自分が担当した施術を終えてサロンを出て、帰り道を歩いています。その時、お客さまは自分の名前を思い出すでしょうか。「今日のビヨウシさん」ではなく、「石橋さん」と自分の名前を覚えてくれているでしょうか。そのイメージトレーニングをしてからお客さまをお迎えすると、単なるお客さまではなく、〝家族に一番近い他人〟として接客をすることができます。

名前を覚えてもらうには、お客さまに好きになってもらうことです。だから、お客さまの心に寄り添う共感力コミュニケーションが必要なのです。感情労働が必要なのです。何

ヘッドスパは期待来店につながる高付加価値メニュー

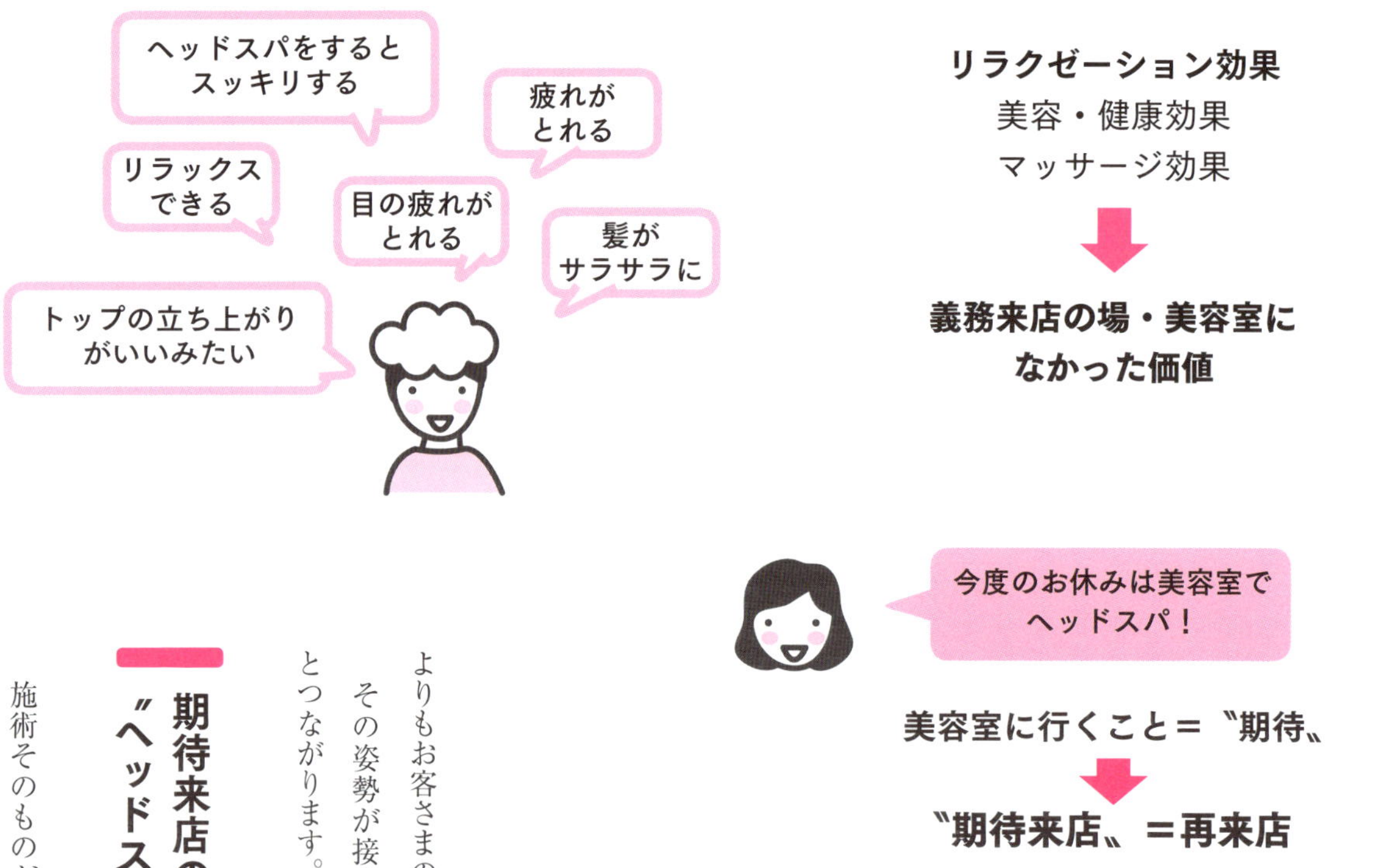
ヘッドスパをすると
スッキリする
疲れが
とれる
リラックス
できる
目の疲れが
とれる
髪が
サラサラに
トップの立ち上がり
がいいみたい
リラクゼーション効果
美容・健康効果
マッサージ効果
義務来店の場・美容室に
なかった価値
今度のお休みは美容室で
ヘッドスパ！
美容室に行くこと＝〝期待〟
〝期待来店〟＝再来店

よりもお客さまのごきげんが必要なのです。

その姿勢が接客の３つのマジックワードへとつながります。

期待来店の救世主〝ヘッドスパ〟

施術そのものが〝楽しみ〟なものだったら。

Lesson5-3 Point

- 美容サロンは義務来店の性質を持っています。ホスピタリティのセカンドステップ接客で期待来店のサロンに
- お客さまが３つのマジックワード「ここはいい、また来たい、人に言いたい」と思うと、結果、期待来店＝再来店につながります
- 期待来店への近道は、期待要素となるヘッドスパを正しく導入することです

長時間椅子に座って〝キレイ〟になるために我慢する時間が〝楽しみ〟なものになったら。もちろん、お客さまは期待来店でサロンを訪れてくれることでしょう。それを可能にするのが、〝ヘッドスパ〟です。

ヘッドスパは施術自体が〝楽しみな時間〟になります。ヘアカットやヘアカラーの時間のなかに、期待要素を入れることによって美容サロンの価値そのものが変わります。シャンプーのついでのマッサージではなく、医学的、科学的、生理学的に研究された施術法を正しく導入し、本格的なヘッドスパを導入することで、サロンの価値が驚くほど変わります。義務来店だった美容サロンが期待来店の場となり得るのです。〝行くことが楽しみな美容サロン〟になるということは、〝また来てもらえる美容サロン〟になること。これから美容サロンにはヘッドスパの導入は必須であることがわかります。

4

How to use "kyou-kan ryoku" in hair salon.

ありえない接客 あたりまえ接客 ありがたい接客

日常生活で出会う3つの接客。

今日からどれをめざしますか？

誰からリンゴを買いたいですか？

接客には3種類あります。

①ありえない接客
②あたりまえ接客
③ありがたい接客

似たような言葉ですが、3つは全く違います。

「りんごをください」と言ったのに袋のなかにはみかんが入っていたという接客。お客さまの希望通りのものを売ることができない接客。これを〝ありえない接客〟といいます。バナナを買ったらメロンが出てきたり、いちごを買ったら桃が出てきたり、まさにありえないですね。買い物になりません。二度と行きたくありません。

サロンでは、この〝ありえない接客〟はありませんか。「前髪のイメージはこう（りんご）です」というお客さまのリクエストに対して出来上がった前髪が「こちらが（みかん）の前髪です」のようなやりとりが起きていませんか。お客さまの希望を理解するのは、基本中の基本です。

接客の３つのタイプ

接客は、お客さまの期待という切り口で３つに分けられる。

ありえない接客とあたりまえ接客とは

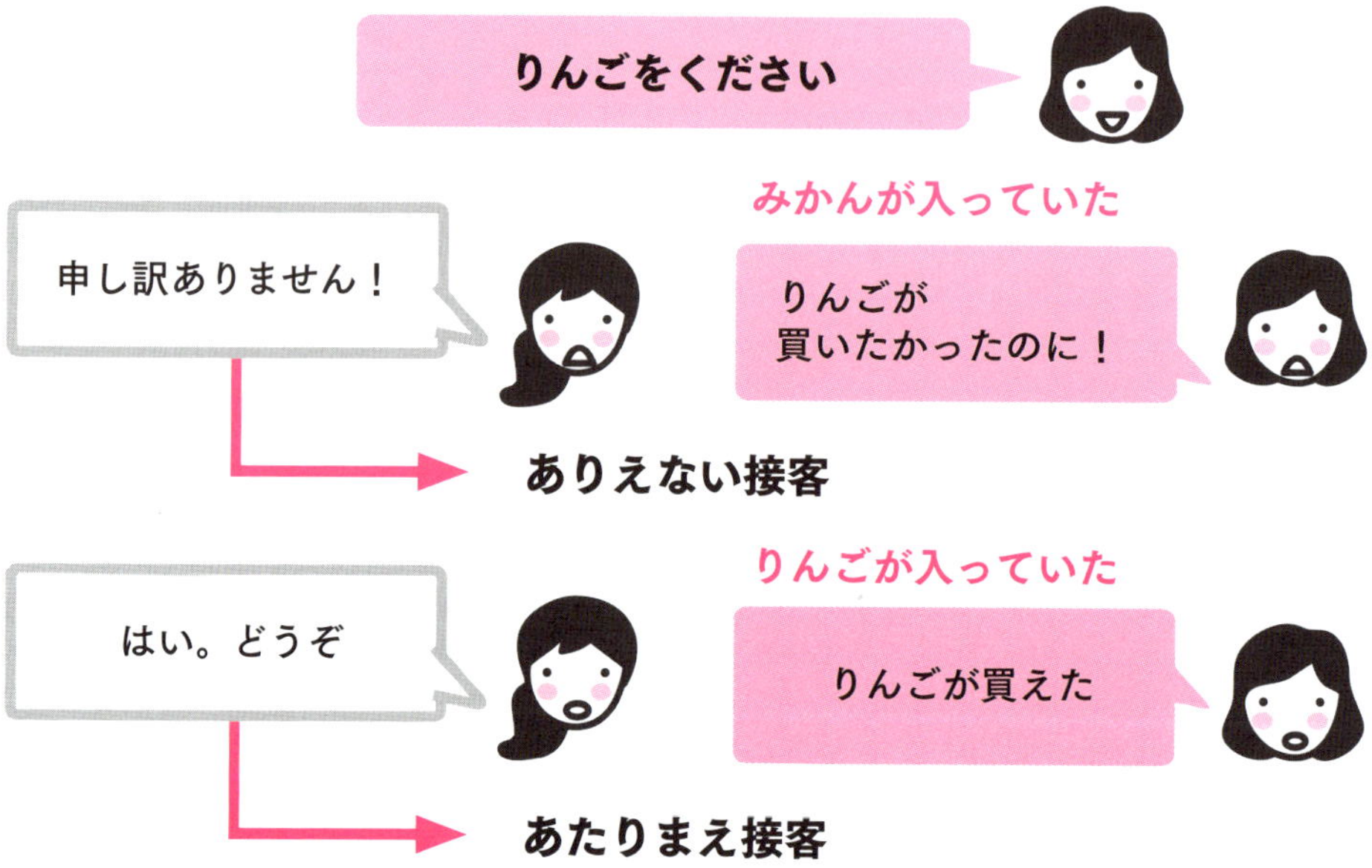

ありえない接客をすることは、また来てもらえる美容師から一番遠ざかってしまうことです。

「りんごをください」と言ったら袋の中にりんごが入っていた。どうでしょう。あたりまえですね。これを〝あたりまえ接客〟といいます。お客さまの希望にそのまま応える接客です。お客さまにとってみればあたりまえすぎて、何の印象もありません。

では、次の接客はどうでしょう。

「りんごをください」と言ったらカゴの中を見て、

「お客さま、りんご10個ですね？　ジャムづくりですか？」

「え？　はい、そうなんです。紅玉を見ていたらジャムをつくりたくなって」

「このりんごならおいしいジャムになりますよ。レモンはありますか？　ジャムづくりには欠かせませんね。入れておきましょうか？」

「ああ、そうでした。ジャムづくりにはレモンが必要でした。うっかりしていました。助かりました。また買い物に出る手間が省けました。ありがとうございます」

どうですか。これが〝ありがたい接客〟で

ありがたい接客とは

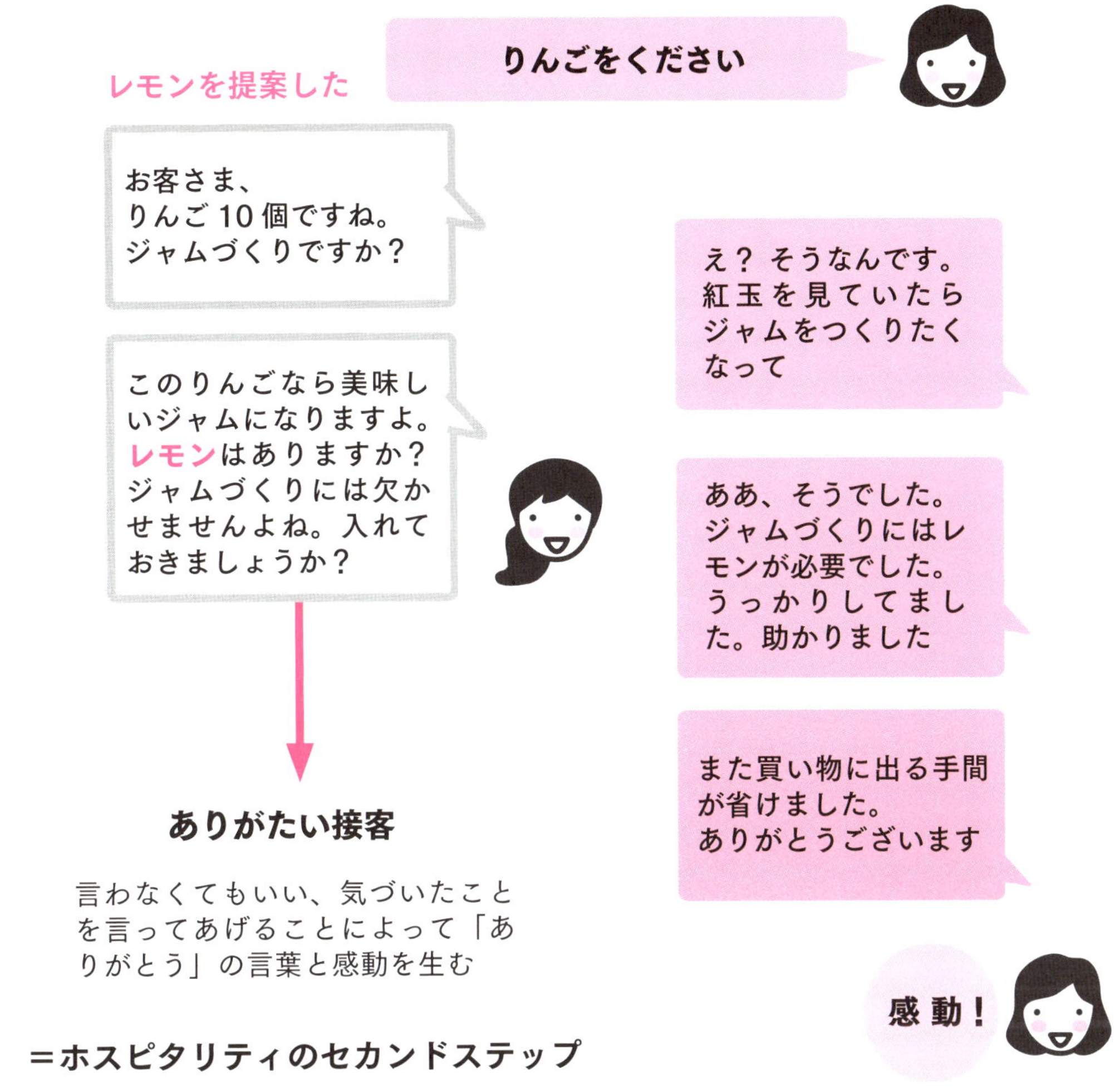
りんごをください
レモンを提案した
お客さま、りんご10個ですね。ジャムづくりですか？
え？ そうなんです。紅玉を見ていたらジャムをつくりたくなって
このりんごなら美味しいジャムになりますよ。レモンはありますか？ ジャムづくりには欠かせませんよね。入れておきましょうか？
ああ、そうでした。ジャムづくりにはレモンが必要でした。うっかりしてました。助かりました
また買い物に出る手間が省けました。ありがとうございます
ありがたい接客
言わなくてもいい、気づいたことを言ってあげることによって「ありがとう」の言葉と感動を生む
感動！
＝ホスピタリティのセカンドステップ

す。お客さまから「ありがとう」と言ってもらえる接客です。これが共感力コミュニケーションを活用した〝ありがたい接客〟です。「りんごをください」と言われた時に、「なぜだろう？ なぜりんごを買うのだろう？」と仮説を立てようとし、水平思考で10個のリンゴ＝ジャムという仮説をとり出しました。それを確認したうえで、ジャムをつくる人の立場になった時、レモンが必要なことを思いつき、それを提案したわけです。まさにホスピタリティのセカンドステップです。言わなくてもいいけど、言ったら喜ばれる。言わなくてもクレームにはならないけれど、言ったら喜んでもらえる。お客さまが気づいていないことに気づいてあげる。そこから〝感動〟が生まれるのです。さらに、その感動から、前述の3つのマジックワード（114ページ）が生まれます。

また来てもらえる可能性

3つの接客のタイプそれぞれに、再来の可能性を数値化したものがあります。ありえない接客をした場合には、もちろん再来の可能

３つの接客と再来店の可能性

1　ありえない接客　再来店の可能性 0%

待ち時間が長いが対応がない。
スタッフに嫌な顔をされた。居心地が悪い。

2　あたりまえ接客　再来店の可能性 30%

待ち時間に声をかけてくれる。
スタッフの感じは普通によい。居心地はよい。

3　ありがたい接客　再来店の可能性 80%

待ち時間に声をかけられドリンクサービス！
提案通りにしてもらったら想像以上！
スタッフはとても話しやすく気持ちのいい応対！居心地がとてもいい！

感動！

性はゼロです。あたりまえ接客の場合は、競合店の数が分母として、およそ30％といわれています。お客さまの美容室ジプシーが多い場合にはこちらも限りなくゼロに近いでしょう。ところが、最後のありがたい接客をした場合には飛躍的に上がります。８割のお客さまがリピートしてくれるという数字が出ています。また来てもらえる美容師になるには、〝ありがたい接客〟をするのが基本なのです。

　お気づきのように、あたりまえ接客は、あたりまえなのでお客さまは何も気づきません。意識の外の出来事になってしまうのです。「こんな（りんご）前髪にしてください」と言って、「こんな（りんご）前髪になりました」となってもお客さまにとっては、あたりまえすぎて、美容師の名前を知りたいとも、このお店にまた来たいとも思いません。りんごを頼んでりんごが出てくることを〝期待値〟といいます。あたりまえの状態です。この状態を〝満足〟といいます。満足というのは、実はそれに気づかない状態なのです。あたりまえだから気づかない。

　このあたりまえである期待値からマイナスになると〝ありえない接客〟になり、不満足

3つの接客とお客さまの期待値

1 ありえない接客	2 あたりまえ接客	3 ありがたい接客
不満足	満足	感動
再来店の可能性 0%	再来店の可能性 30%	再来店の可能性 80%
期待値マイナス あたりまえ以下なので期待を下回る	**期待値0** あってあたりまえ。期待を下回りも上回りもしない	**期待値以上** 期待していなかったこと。大きく期待を上回る
気づく	気づかない	気づく
クレーム		グッドコメント

- ありがたい接客はなくてもよいが、あると感動を生みます
- お客さまの期待値を上回るありがたい接客ができれば、再来店の可能性は 80% です
- お客さまの注文通りにしても期待値を上回りません。再来店の可能性は 30% です

な状態といいます。プラスになると〝ありがたい接客〟になり〝感動〟を生みます。つまりホスピタリティのセカンドステップです。3つのマジックワードを生むポイントです。

「こんな（りんご）前髪にしてください」と言われた時に、「こんな（りんご）前髪ですね？」↓リピート、「いつもお似合いですね」、「最近ファッションもエレガントな雰囲気ですから、位置は変えずに少し横に流してみたらどうでしょう。全身のイメージが変わりますよ」とファッションの変化にヘアスタイルを合わせてあげる提案こそ、プロにしかできない提案です。お客さまが気づいていない提案です。

また来てもらえるありがたい接客をするには、いつも、お客さまが気づいていない〝何か〟を探そうとする姿勢が必要です。りんごジャムのレモンのように。

How to use "kyou-kan ryoku" in hair salon.

5 カウンセリングの5ステップ

ありがたい接客は
共感力を発揮する
5ステップでつくり上げます。

カウンセリングの目的

共感力コミュニケーションは文字通りお客さまに共感することが基本です。

そのためには、お客さまのことをよく知る、特にリピートのお客さまについては〝今日のお客さまの様子〟をよく知ることが大切です。お得意さまの場合でも、前回の来店時から今回まで、美容師には知り得ないさまざまなことが起こっています。お客さまはいつも同じ状態ではないのです。〝アンケートを書いてもらい、チェック項目を確認し、メニュー提案をする〟のは〝あたりまえ接客〟です。いずれAIロボットにとって代わられる仕事です。

カウンセリングの目的はふたつあります。ひとつ目は、お客さまの要望を聴き、お客さまの状態（心身ともに）をしっかりと観察すること。ふたつ目はお客さまのごきげんな気持ちをつくり、居心地のよい関係を整えることです。

カウンセリングは5ステップですすめる

来店から施術開始まで、カウンセリングタイムは5つのステップですすめます。

① 導入→お客さまの心を整え、お客さまを観察する。プロットトークを考える
② 傾聴→お客さまの要望を聴く
③ 分析→ご要望の背景を想定し、真意を探る
④ 立案→今日のメニューを組み立てる
⑤ 提案→価値が伝わるように提案する

では、一つひとつ説明していきましょう。

ステップ1　導入

最初のステップは導入です。美容師は朝からサロンのなかにいますが、お客さまは、外からいらっしゃいます。いきなりヘアスタイルの話には集中できません。まずは、お客さまの〝心の居心地〟をつくること。さらに、お客さまの様子をじっくりと観察すること。このふたつが〝導入〟のプロセスの基本です。

まずは、お客さまの居心地とごきげんをつ

カウンセリングのふたつの目的

1．お客さまの要望を聴き、お客さまの状態（心身ともに）をしっかりと観察すること

2．お客さまのごきげんな気持ちをつくり、居心地のよい関係を整えること

カウンセリングの5ステップ

1 導入	2 傾聴	3 分析	4 立案	5 提案
お客さまの心を整え、お客さまを観察する。プロットトークを考える	お客さまの要望を聴く	要望の背景を想定し、真意を探る	今日のメニューを組み立てる	価値が伝わるように提案する

くる。そのためには、まず美容師がごきげんに接客を始めることが大切です。前述の通り、感情は伝染します。お客さまの来店を〝奇跡の来店〟と感謝の気持ちでお迎えすること。それにより自然な笑顔が生まれます。

お客さまに居心地よく感じてもらうためには、RCF（right chance feeling・ライト チャンス フィーリング）という3つのright（ちょうどよい）を伝える手法が有効です。

まずはライトチャンス＝〝ちょうどよい時〟の来店であったこと。「今日から店内のお花がピンクになりました。春到来です。ちょうどよい時にお越しいただきました」。

ふたつ目はライトプレイス＝〝ちょうどよい場所〟への来店であること。「会社の帰りに定期で下車できるんですね。それは便利な場所でしたね。嬉しいです」。

3つ目はライトパーソン＝〝ちょうどよい人〟。つまり、美容師自身がお客さまの施術をするのにぴったりなスタッフであること。「私もお客さまと同じように、髪が細いんです。お手入れが不安な感じ、よくわかります」などのような〝ちょうどよい時に、ちょうどよい場所で、ちょうどよい人に出会えた〟という感覚を持っていただくために、導入では、このRCFを必ずお伝えするようにしましょう。〝ちょうどよい〟という感覚を多く持てば持つほどお客さまは、居心地よく感じます。

新規来店の初対面のお客さまの場合は、ファッションのジャンルや職業などおよその雰囲気を察します。車で来店したお客さまなら、車種や色、腕時計のブランド、お住まいのエリア、など生活レベルを想定できる情報も見逃さないことです。声掛けした時の声の大きさやアイコンタクトの有無なども確認が必要です。コミュニケーションしやすいタイプかしにくいタイプかの判断にもなります。また急いでいるか、疲れた感じはないか、など目に見えないことも注意深く観察しましょう。

また、カウンセリングの導入では、その日に提案したいメニューを自然な形でおすすめできるような〝仕込み〟をするチャンスをつくることもできます。例えば、直前に予約をされて、席でもスマホやタブレットを離さないようなお客さまは、おそらく仕事が相当ハードな方です。そんな一面をさっと言葉にして、「お仕事お忙しそうですね。頭が休まる暇がなさそうですね」と伝えておく。すると、後から、

1.導入　お客さまの“心の居心地”をつくる

RCF（right chance feeling・ライト チャンス フィーリング）

ライトチャンス「ちょうどよい時に来た」
ライトプレイス「ちょうどよい場所に来た」
ライトパーソン「ちょうどよい人に出会えた」

➡ お客さまに伝えることで
居心地がよくなる

2.傾聴　お客さまの声に耳を傾けて聴く

聞く…聞こえてくる音を聞く
○ **聴く**…注意してこちらから聴こうとする態度を持って聴く

お客さまの曖昧な言葉
“やさしい感じ”

- **カジュアルな雰囲気のやさしさ？**
- **フェミニンなやさしさ？**

➡ **お客さまの視点で聴きすすめる**
×自分の価値観で判断しない

ヘッドスパをおすすめする時に、自然な形で紹介することができます。接客はその時点だけのことではなく、来店からお見送りまでの長い視点で対応することも大切です。

ステップ2　傾聴

傾聴とはカウンセリングでいうヒアリングのことですが、文字通り、〝お客さまの声に耳を傾けて聴く〟という意味です。〝聞く〟ではなく〝聴く〟であることに注意が必要です。聞くとは、英語のhearにあたり、聞こえてくる音を聞く、という意味です。一方、聴くとは、注意してこちらから聴こうとする態度を持って聴く、という意味です。また、音楽のように、音を楽しむために聴く、という意味もあります。お客さまの言葉を一つひとつ丁寧に聴きとり、さらにその会話を楽しむイメージです。

お客さまは、自分の希望を上手に言葉にできるとは限りません。お客さまの曖昧な表現の中から、伝えたいと思っていることを聴き出す。これが傾聴です。〝やさしい感じ〟という言葉でも、アースカラーのファッションの人はカジュアルな雰囲気のやさしさをイメージしているかもしれませんし、フェミニンなファッションの人は女性らしいやさしさをイメージしているかもしれません。お客さまの視点で聴きすすめていくことが大切です。

最初から自分の価値観で判断しない姿勢を忘れないようにしてください。何を聴いていいのかわからない、という美容師さんもいますが、こういう時こそ、お客さまを〝家族に一番近い他人〟としての視点でお迎えし、お話をすすめるといいですね。傾聴では、質問力や間のよい相づちなどにより、聴き出せる内容がまるで違ってきます。後述のヒアリングのスキルをしっかり勉強して〝聴き上手〟な美容師をめざしてください。

ステップ3　分析

ここがカウンセリングの腕の見せ所です。傾聴によりお客さまの情報は集まりました。しかし、それはまるで冷蔵庫の中の食材のようにバラバラな状態の情報です。その情報から、お客さまの本当の希望は何か。どんなことを求めていてどんなことに嫌悪感を感じるのかなど、集めた情報を丁寧に分析することが大切です。

「長さは切りたくないんです。でも雰囲気は

3.分析 〝なぜ?〟から始まる

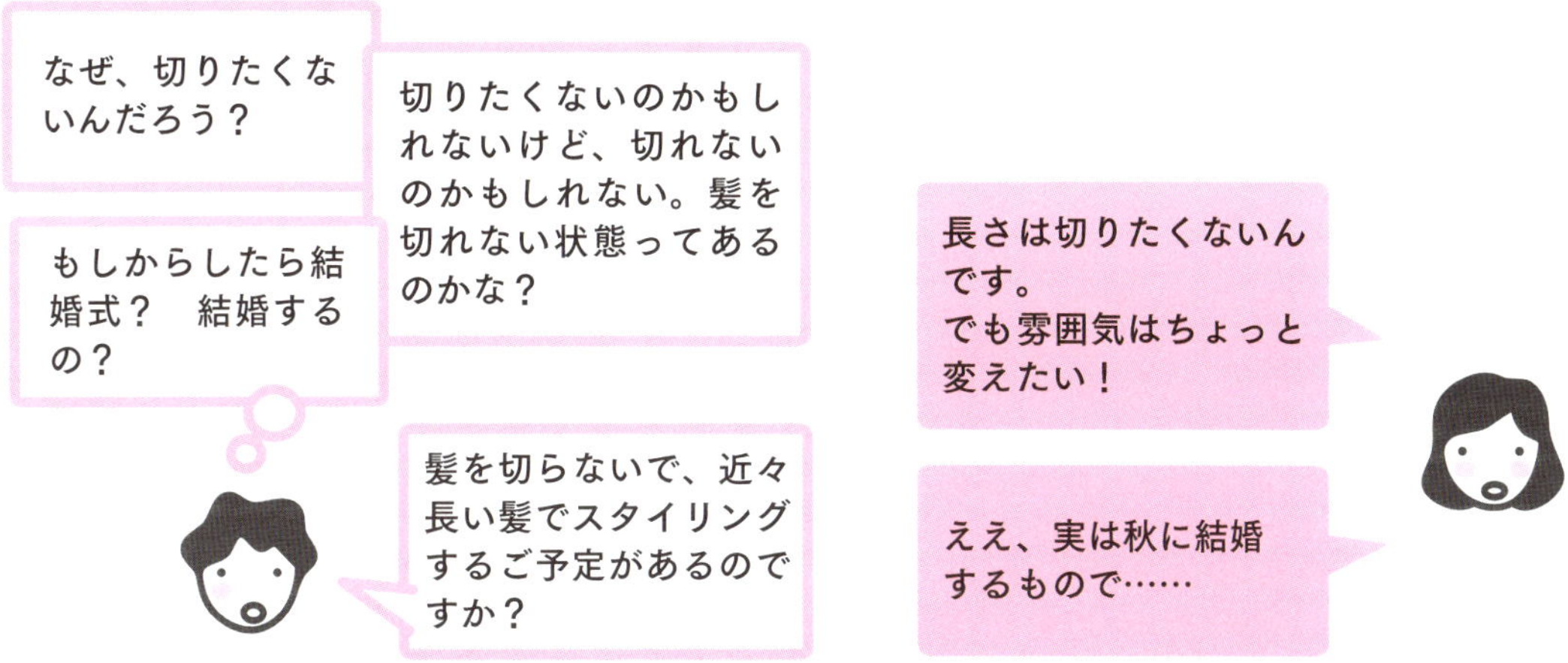
長さは切りたくないんです。

でも雰囲気はちょっと変えたい!

なぜ、切りたくないんだろう?

切りたくないのかもしれないけど、切れないのかもしれない。髪を切れない状態ってあるのかな?

もしかしたら結婚式? 結婚するの?

髪を切らないで、近々長い髪でスタイリングするご予定があるのですか?

ええ、実は秋に結婚するもので……


ちょっと変えたい」とおっしゃったとします。AIロボットなら、すぐにその長さでできるヘアスタイルのイメージを見せるところですが、共感力コミュニケーションは少し違います。「なぜ、切りたくないんだろう?」という疑問から仮説を立てる方向にすすめます。「切りたくないのかもしれないけど、切れないのかもしれない。髪を切れない状態ってあるのかな?」と、〝なぜ〟を自分に向かって問い続けていくと「もしかしたら結婚式? 結婚するの?」という仮説が生まれます。「髪を切らないで、近々長い髪でスタイリングするご予定があるのですか?」と具体的な質問を投げかけると、少し顔を赤らめて、「ええ、実は秋に結婚するもので」、「ええ? ご結婚ですか? 秋ですね。おめでとうございます」と、知り得ないことを知ることにつながるのです。であるなら、髪の長さもさることながら、髪の質も大切です。まさにヘッドスパの提案のチャンスです。今後はウエディングに向けて、髪質向上のヘアケアを責任を持って最後まで行なう、という立案に向かっていくわけです。

このように分析力は〝なぜ?〟から始まります。普通はあたりまえのオーダーとして流してしまうことを、いちいち〝なぜ?〟と立ち止まって考える。その姿勢のなかにこそ、お客さま自身が気づいていない希望がある、ということなのです。

ステップ4 立案

〝長さを維持して、秋までヘアケアに集中する〟これが分析結果です。立案とは、それを具体的なメニューに落とし込むことです。お客さまの状況に合ったペースで目標を達成するためのプランづくりです。「式の前は準備で忙しいだろうから、今より頻繁に来店するのは難しいだろう。でも、1.5カ月に一度のヘッドスパやトリートメントでは、十分なヘアケアはできない。ならば一度、しっかりヘッドスパの基本を伝え、毎日ヘッドマッサージとトリートメントを徹底してもらおう」というのが立案の流れです。

ステップ5 提案

どんなにすばらしいメニューでも、伝え方によっては、受け入れてもらえないことがあります。例えば、前述の自宅でのヘッドマッサージにしても、ただ単にマッサージクリー

4. 立案　分析結果をメニューに落とし込む

分析結果

「長さを維持して、秋までヘアケアに集中する」

↓

立案

お客さまの状況に合ったペースで目標を達成するために、分析結果を具体的なメニューに落とし込む

「長さは変えず、カラーで雰囲気を変える。しっかりヘッドスパの基本を伝え、毎日ヘッドマッサージとトリートメントを徹底してもらおう」

共感力コミュニケーションによるカウンセリングは〝聴く〟が8割

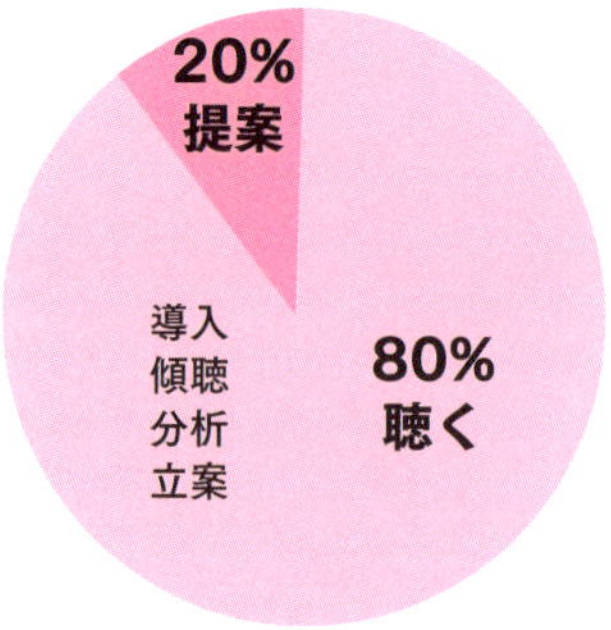

ムやトリートメントジェルを売りつけられた、と思われてしまうこともあります。残念ながら、伝え方次第で結果は違ってきます。

提案の基本は、〝最後にまとめて一気にする〟ということです。お客さまに傾聴の最中に流れに任せて提案することを〝提案の垂れ流し〟といいます。「前髪は切ろうかなあ」、「今は前髪をつくるのが主流ですから、前髪を切るのはいいですね」、「うーん。4月から就職だから、少し大人っぽくした方がいいかなあ」、「エレガントな感じだったら、ストレートボブがいいですね」と一つひとつに反応して提案してしまうと、お客さまは、最終的に自分がどんなスタイルに仕上がるのかが、見えなくなってしまうのです。

よって、傾聴→分析→立案までは、〝聴く〟に徹することです。導入から立案までが8割、提案が2割、というのが共感力コミュニケーションによるカウンセリングの基本です。提案は最後にまとめて、という鉄則を覚えておきましょう。

提案とは、いわゆるプレゼンテーションのことです。伝わるプレゼンテーションには正しい順番があるのです。カウンセリングの最後にプレゼンテーションのステップに従って一気にメニュー提案をしていきましょう。

プレゼンテーションそのものにも5つのステップがあります。

① 課題の確認
② 提案
③ 課題の再確認
④ 裏づけ事例
⑤ 行動喚起

以上がプレゼンテーションの5ステップです。いきなりメニューを提案するのではなく、共感力コミュニケーションでは、まずはお客さまの気になること、こだわりなど〝課題〟になっていることを確認し、共有します。「髪の長さは変えずに、雰囲気は変えたい、というのがご希望ですね。さらにウエディングを目前にして、ヘアケアに重点を置いていくことも考えたい、ということでございますね」というのが課題の確認です。

そして一気にヘアスタイルやヘアケアアプログラムの提案をします。「今回はカラーリングで変化を楽しんでみたらいかがでしょう?　ウエディングまで3カ月ありますから、いずれにしてもウエディングの直前にカラーリン

5. 提案　プレゼンテーションの5ステップ

提案の鉄則＝最後にまとめて一気に　×提案の垂れ流し…傾聴の最中に流れに任せて提案すること

①課題の確認
「髪の長さは変えず、雰囲気は変えたい。ウエディングの前にヘアケアに重点を置きたい、ということでございますね」
②提案
「今回はカラーリングで雰囲気を変え、ヘアケアはヘッドスパのジェルを使ったホームケアでお手入れをされてみては？」
③課題の再確認
一つひとつの提案が、先に確認した課題に対応している
④裏づけ事例
「同じようにウエディング前にカラーを楽しんで、その間ご自宅でホームケアをされた方がステキな花嫁さんになりましたよ」
⑤行動喚起
「ウエディング当日まで、しっかりお手入れにおつき合いいたしますので、この石橋にお任せください！」

●カウンセリングの目的は、お客さまの要望を聴いてお客さまを観察することと、お客さまのごきげんをつくり、居心地のよい関係を整えることです
●来店から施術開始までのカウンセリングタイムを5ステップに従ってすすめましょう

グすることになります。その前に今まで挑戦したことのないアッシュ系を楽しんでみるのもよろしいかと。また、ウエディング前でお忙しいとヘアケアに来店できる回数も限られてくると思いますので、ご自宅でもご自身でお手入れするといいと思います。私どものサロンで使用しているヘッドスパのジェルの使い方をしっかりお教えしますので、毎日のお手入れにお使いください」という部分が提案です。一つひとつの提案が、前に確認した〝課題〟に対応しているので、説得力のある提案になるわけです。

「来月ご結婚されるお客さまも、同じように、ウエディング前にカラーバリエーションで楽しんで、その間、ヘアケアはご自宅でもなさって、当日は今はやりのダウンスタイルのおしゃれな花嫁さんになられました」と、これが裏づけ事例になります。

最後のクロージングとして、「ウエディング当日まで、しっかりお手入れにおつき合いいたしますので、この石橋にお任せください！」と熱意を伝えて終了です。

次回の予約

また来てもらえる美容師は、施術前に次回の予約につながる話をしています。例えば前述のお客さまの場合、ウエディング前のヘッドスパやトリートメントの予定をしっかりと伝えます。サロンでの施術を月1回として、それまでの間を自宅でのケアでつなぎ、結果、ウエディングまでの間3回の来店が必要になる。というおおよそのスケジュールを初めに伝えます。施術が終わりお見送りの際にキャッシャー担当者が、「それでは、次回のご予約はウエディング対応のヘッドスパでございますね」と、引継ぎをしっかりとしておくことで確実な予約がとれ、また来てもらえる美容師に一歩近づくことができるのです。

サロンでの接客は、次の予約をとるまでが、ひとつの流れであることを意識しましょう。そして、その次回の予約は施術前の対応からつながっているということも忘れずに。

How to use "kyou-kan ryoku" in hair salon.

6 共感力コミュニケーションのヒアリング手法

カウンセリングの5ステップは8割が〝聴く〟。

聴き上手になるための4つの質問スタイルとは？

聴き方次第で答えは変わる

電車の中で知らない人に話しかけられたら、たいていは気味が悪いので無視するものです。あるいは、ショップに入った途端、「わあ、そのイヤリングかわいいですね。どちらのブランドですか？」と唐突に聞かれても、落ち着かない気持ちになり、思わずお店を出る、なんてこともあります。

質問の仕方次第で、答えたくもなるし、逆もあります。美容師はお客さまの隠れた希望まで引き出せるよう、高度なヒアリング手法を学ぶ必要があります。質問の仕方次第で、お客さまはあなたを好きになってもくれますが、嫌われてしまうことさえあるのです。

1. ペーシング

初対面の人でも、最初から話しやすい人、居心地の悪い人がいますね。話しやすい人どうしは、最初から会話の〝ペース〟が似ている人なのです。会話のペースとは何でしょう？〝話し方のクセ〟と理解するとわかりやすい

ペーシングとは

最初から話が合う人
＝会話のペースが似ている人
居心地が悪い人
＝会話のペースが似ていない人

**会話のペースを合わせること〝ペーシング〟で
居心地の良い会話ができるようになる
＝質問にもこころよく答えてもらえる**

と思います。会話のペースを合わせることを〝ペーシング〟と言います。会話の始まりに意識的にペーシングをするようになると、どんなお客さまとも居心地のよい会話ができるようになります。そして、質問にもこころよく答えてもらえるようになります。

①感情のトレース

ペーシングは3つあります。ひとつ目のペーシングは〝感情のトレース〟といわれているものです。人はそれぞれ、感情のペースを持っています。発車寸前の電車に乗り込もうと走っている人は、バタバタした感情を持っていますし、図書館で読書をしている人はゆったりとした感情を持っています。駅のホームを走っている人と図書館で座っている人の感情のペースはまったく違います。まさにペースが合いません。相容れない状態です。このような状態では、どんなコミュニケーションを図ってもなかなか伝わりません。

そこで話をする際に、お互いの感情のペースを合わせる工夫をすると、会話がスムーズに運びます。例えばサロンなら、美容師は空調の効いた涼しい部屋に立っています。お客さまは、暑いなか汗をかきながら歩道を歩いてきます。この状態ではすぐにヒアリングに入っても、感情のペースが違いすぎてちぐはぐな会話になってしまいます。こんな時はリレーの選手がバトンを受けとる時に助走するように、相手のペースに合わせようとしてみるのです。

来店したお客さまの5分前あたりからを、想像してトレースし、言葉にしてみます。「駅から歩いてお越しですか？ 信号待ちだけでも汗が出ますね。もうすでに35度を超えているようですね」というように、お客さまが来店前にどんな感情のペースだったかをトレースすることで、会話のペースがスムーズに始まるのです。

②表現のダイナミクス

サロンに有名店のマカロンが差し入れされました。若い女性スタッフは「わぁっ！ ○○のマカロン！ 嬉しいっ！ これ、食べたかったの!!!」と大声で大騒ぎです。一方男性のマネージャーは「なるほど、カラフルでおいしそうですね」と冷静な様子。ふたりの反応はまったく違います。男性のマネージャーより

居心地がよい会話のための3つのペーシング

ペーシング①
感情のトレース

お客さまの感情をトレースする

ゆったり、元気など感情のペースを合わせる工夫をする。

ペーシング②
表現のダイナミクス

お客さまの表現のダイナミクスを合わせる

声の大小やアクションの大小など感情表現の幅を合わせる。

ペーシング③
理解のテンポ

お客さまの理解のテンポに合わせて話す

話すスピードと理解のテンポは同じ。相手が話すスピートに合わせる。

お客さまは話しやすく、答えやすくなる

も女性スタッフの方が喜んでいるのでしょうか。反応の大きさと喜びの度合いは比例しているのでしょうか。そんなことはありません。感情の表現方法は人それぞれです。声も大きくアクションも大きな人もいれば、小さい声で冷静な対応をする人もいます。表情豊かな人もいれば、表情が動かない人もいます。しかし、感情表現と実際の感情はまったく別のものです。

　感情表現が控えめであっても、強い感情を感じている人もいれば、逆もまたしかりです。その感情表現の幅を〝表現のダイナミクス〟といいます。人はこのダイナミクスが似ていれば似ているほど話しやすいのです。ですから、初対面の人と話す時は相手の表現のダイナミクスを読みとり、それに合わせてあげる、というペーシングを心掛けるとよいでしょう。声の大きい人には大きな声で話す、身ぶり手ぶりが大げさな人には同じように大げさな反応を、冷静で抑揚のない話し方の人には同様の話し方で。赤ちゃんをあやす時、赤ちゃんの真似をするようなイメージで対応するのが表現のダイナミクスのペーシングです。

③理解のテンポ

　人は物事を理解する時、どのように理解するのでしょう。人は物事を何を使って考えているのでしょう。

　それは、〝言葉〟です。「この人は怒っているのかな」とか、「今日の夕飯はベトナム料理にしよう」とか、頭のなかの思考は全て〝言葉〟でなされています。その言葉による思考は話している時と〝同じスピード〟ですすみます。言い換えると、自分が話すスピードより速く考えることはできないのです。だとしたら、相手のスピードより速く話したら、相手は理解できない、ということになります。

　初対面の人と話す時は相手の話すスピードを確かめ、それに合わせて話すようにする。これが理解のテンポを合わせるペーシングです。メニューの説明や、施術の紹介など毎日頻繁にしていることは特に早口になります。お客さまにとっては、初めて聞く美容メニューを早口でまくしたてられたら、全くわからない、ということになりかねません。話すスピードには十分注意したいですね。

3つのクエスチョンの特徴

1 クローズド・クエスチョン
答えがイエスかノーになる質問スタイル

・答えやすい　・質問する側も簡単
・得られる情報量が少ない

2 オープン・クエスチョン
聞いた範囲のことを全て聞ける質問スタイル

・知っていることは答えやすいが、知らない分野だとストレスになる
・質問する側は簡単　・得られる情報量が多い

3 サンプル・クエスチョン
事例を添えることで、相手のストレスを軽減し、答えやすく、たくさんの情報を得ることができる質問のスタイル

・詳しくないことでも答えやすい
・質問する側は知識が必要
・得られる情報量が多い

桃は好きですか?
はい
どんなくだものが好きですか?
桃とぶどうです
みかんのような柑橘系の香りと、花のような甘い香りとどっちが好きですか?
花のような甘い香りが好きです

共感力コミュニケーションで重要な役割を果たす

2. 3つのクエスチョンスタイル

質問のスタイルには3つあります。

①クローズド・クエスチョン
②オープン・クエスチョン
③サンプル・クエスチョン

といわれるものです。

ヒアリング時にはこの3つのクエスチョンスタイルの特徴をよく理解し、上手に組み合わせながら質問を重ねていくと相手が答えやすい会話になります。

①クローズド・クエスチョン

クローズド・クエスチョンというのは、答えがイエスかノーになる質問のスタイルです。「桃は好きですか?」と聞かれたら、〝はい〟か〝いいえ〟の答えしかありません。ですので、クローズド・クエスチョンは答える側にとっては、答えるのが簡単な質問といえます。

しかし、聞く側にとっては、一度の質問で得られる情報が少ない、という欠点があります。この質問では〝桃〟のことしかわからないのです。ブドウやバナナのことはわからな

いのです。サロンでいえば、「髪のお悩みは切れ毛ですか?」と質問すると、切れ毛のことはわかりますが、抜け毛や白髪のことはわかりません。答える方のストレスは低いけれど、ヒアリングにはあまり向かない質問スタイルです。

②オープン・クエスチョン

反対に「どんな果物が好きですか?」と聞くのがオープン・クエスチョンです。この質問スタイルだと、桃だけでなく、ぶどうやバナナのことも全部聞けます。好きな果物のことを全て聞くことができるのです。ヒアリングには一見向いているようですが、この質問スタイルにも落とし穴があります。

「どんなトリートメントをご希望ですか?」とサロンでいきなり聞かれたらどうでしょう。お客さまはトリートメントに詳しくありません。そのサロンで使われているブランドについても知りません。よく知らないことをオープン・クエスチョンで聞かれると、困惑します。ストレスを感じます。一方で聞く側は質問をつくる必要がないので、ストレスなく質問をすることができます。つまり、オープン・クエスチョンは相手が理解している内容についてはストレスを感じませんが、相手の知らない分野について投げかけるのは相手にストレスを感じさせる質問であることを知っておく必要があります。

③サンプル・クエスチョン

そのストレスを軽減し、相手が答えやすく、かつたくさんの情報を得ることができる質問のスタイル、それがサンプル・クエスチョンです。先ほどのトリートメントの質問も、「髪にツヤを出すのと、乾燥を防ぐのと、どちらのタイプのトリートメントがよろしいですか?」とオープン・クエスチョンの前に〝事例を添える〟のがサンプル・クエスチョンです。まさに、答えの〝サンプル〟を質問の前に置くだけで、相手は答えを想像しやすくなりますし、答える際のストレスも減ります。ヘッドスパを受ける男性のお客さまにいきなり「どんな香りが好きですか?」とオープン・クエスチョンで質問しても、香りの種類に詳しくない男性は困惑することでしょう。質問をサンプル・クエスチョンに変えてみる。香りはフローラル系、柑橘系、ムスク系に分かれるので、「みかんのような柑橘系の香りと花のような甘い香りとどちらがお好みですか?」と聞けば、男性でも容易に想像できます。みかんも花も嫌い、と言われたら、試しにムスク系の香りを試していただくのもひとつです。

このように、サンプル・クエスチョンは共感力コミュニケーションのなかでも重要な役割を果たします。共感力コミュニケーションを身につけるには、サンプル・クエスチョンが自然に出てくるようにすることが大切です。

サンプル・クエスチョンができるようになるには、何が必要なのでしょうか。それは、〝知識〟です。サンプルをつくるために必要な知識です。香りのことを聞きたかったら、柑橘系、フローラル系、ムスク系があることを知らないとサンプルをつくれません。トリートメントのことを聞きたかったら、髪のダメージの種類を知らなければサンプルをつくることはできません。共感力コミュニケーションに必要なのは、知識と感情という左脳と右脳の能力が両方必要なことがここでもよくわかりますね。日頃から知識の積み重ねをしっかりしておくことこそ、お客さまに居心地のよいヒアリングができることにつながるのです。

3-why-steps スリー・ホワイ・ステップス

少なくとも3回は同じ質問のポイントで掘り下げる

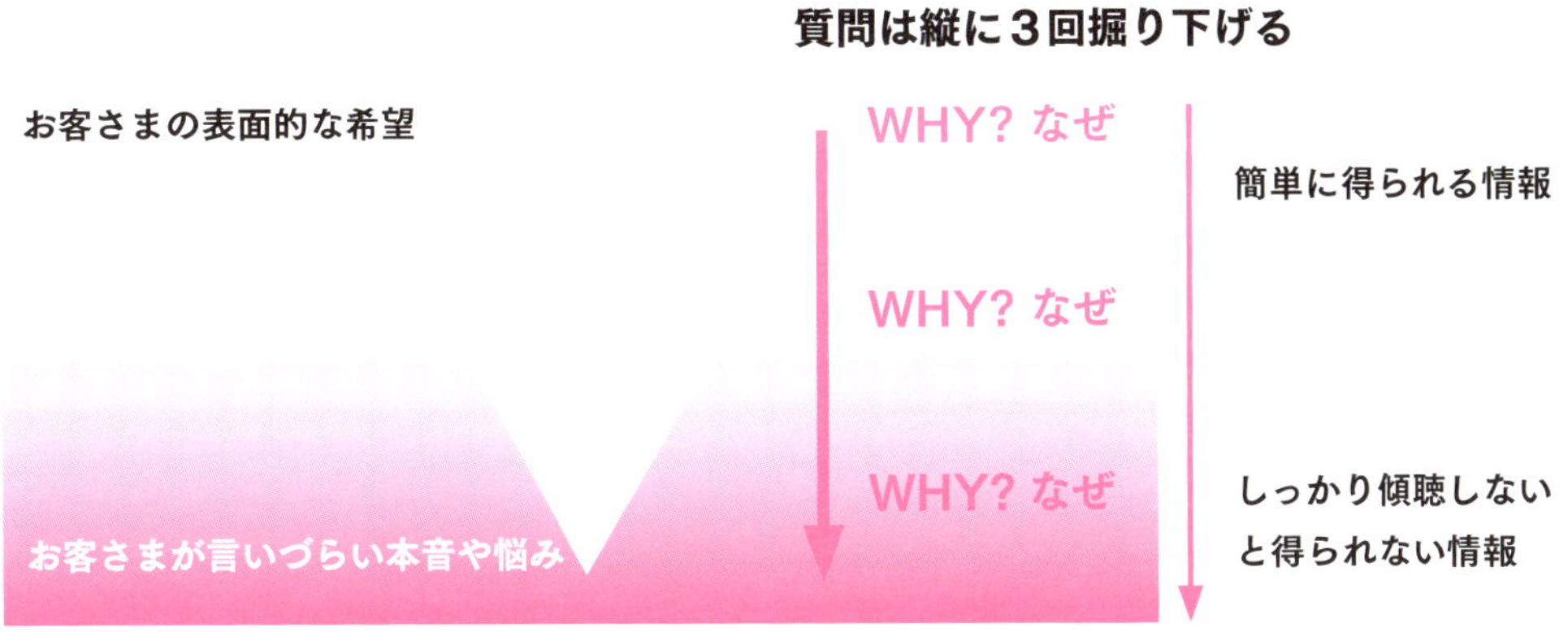

3. 3回掘って〝深く聴く〟

「カウンセリング時にできるだけお客さまにヒアリングをしましょう」とセミナーで促すと、「はい、大丈夫です。ヒアリングはいつもしっかりしています」と答える美容師がいます。ヒアリングはとても難しいものなので、そういう答えをされると心配になります。そして、現場でチェックをすると案の定、勘違いのヒアリングをしていることが多いのです。ヒアリングをしっかりしていると勘違いしている人は、ヒアリングは質問の数だと勘違いしています。確かに、接客を見ているとたくさんの質問をしているのですが、質問に一貫性がなく表面を横滑りしているのです。「好きな色は?」、「好きは俳優は?」、「好きな食べ物は?」……。これらの質問は何のためにされているのか、実は質問している本人もわかっていません。当然、聞かれる側も意味もなく質問が続き、まるで尋問されているかのような印象まで受ける。これでは、また来てもらえるはずがありません。

質問は横に展開していくのではなく、縦に掘っていきます。ひとつ目の質問の答えを受けて、さらにそれについて質問していく。少なくとも3回は同じ場所を掘っていく。この質問のスタイルを3-why-steps（スリー・ホワイ・ステップス）といいます。

3回なぜ? と聞きなさい、という意味です。3回同じ場所を掘ると、相手の本質に触れる答えが出てきます。これも共感力コミュニケーションの研究で実証されています。相手の答えにじっくりと向き合う。3回質問を重ねることで本質に触れることができるんですね。

サロンでいえば、「どんな雰囲気にしますか?」の問いに「フェミニンな感じで」、「フェミニンですね。カラーはどうしますか?」、「明るめで」、「明るめですね。トリートメントはどうしますか?」……。この会話、どこかで見かけましたね。そうです。ウェブ・コミュニケーションです。横にスライドしていく質問はスペックだけを聞いていく、ウェブ・コミュニケーションになってしまうのです。

質問は縦にする。戻ってきた答えについてあらためて質問を返す。「フェミニンですか?」とその理由を考えてみる。「春らしくというイ

ネットフィッシング・クエスチョン

相手のことを総合的に理解できる質問

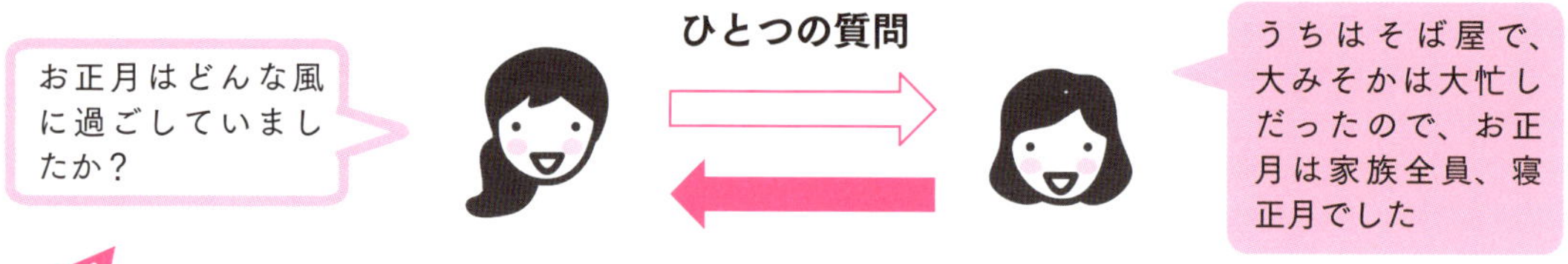

お正月はどんな風に過ごしていましたか？
ひとつの質問
うちはそば屋で、大みそかは大忙しだったので、お正月は家族全員、寝正月でした

答え・たくさんの情報

人柄、育ってきた環境、家族構成、ライフスタイル、職業など

Lesson5-6
Point

- カウンセリングはヒアリング次第。ペーシングでお客さまが答えやすい状況をつくります
- 共感力コミュニケーションで重要なのは、お客さまが答えやすく、かつ多くの情報を得られるサンプル・クエスチョンです
- 質問はスリー・ホワイ・ステップスで縦に掘り下げればお客さまの真意・本音に届きます

メージですか？」とフェミニンの理由をサンプル・クエスチョンで聞き返すと、「今度ね、異動があって、受付担当になったんです。なので、どんなお客さまがいらしても嫌な印象を与えないやさしい印象にしたいなって思ったんです」と質問を縦に振っただけで、お客さまの私生活の話まで聞くことができました。これが縦に質問をするメリットです。

4. ネットフィッシング・クエスチョン

もしあなたが初対面の人にひとつだけ質問ができるとしたら、その人をよく知るために何を聞きますか。趣味や職業、家族構成、出身大学など、相手の人となりがわかりそうな質問はたくさんありますが、どれも一面的な部分の手掛かりにしかなりそうにありません。相手のことを総合的に理解できる質問の方法があります。ひとつの質問で、いろいろな情報が得られることから、漁業の網漁のイメージでネットフィッシング・クエスチョンと呼ばれるものです。大漁をイメージできるということですね。

ネットフィッシング・クエスチョンの質問とは、例えば「お正月はどんな風に過ごしていましたか？」というような質問です。お正月の過ごし方は家族の文化ですから、それを聞くだけで、相手の家庭環境や価値観がすぐにイメージできるのです。「うちはそば屋で、大みそかは大忙しだったので、お正月は家族全員、寝正月でした」とか、「父が長男でお正月は親戚全員が集まるので、母は年末はずっと台所で料理してました」とか、なかには「うちはお正月は毎年家族でハワイに行っていました」なんて豪華三昧の家族を知ることにも。こうして〝お正月〟や〝誕生日〟、〝クリスマス〟などの過ごし方を聞くだけで、単なるクローズド・クエスチョンでは聞き得ない貴重な情報を知ることができるのです。施術の際のトークテーマとしてもとても役立ちます。

7 伝える技術は例える技術

How to use "kyou-kan ryoku" in hair salon

物ごとは例えなければ相手に伝わりません。さまざまな例え方を身につけます。

伝えるための絶対条件

「このトリートメント最高です」、「ヘッドスパの後、お顔が変わります」。施術のすばらしさをお客さまに伝える時、思わずこんな表現をしていませんか。〝最高のトリートメント〟と聞いて、どんな〝最高〟を想像したでしょうか。〝顔が変わる〟と聞いてどんな〝変化〟を想像したでしょう。

実はお客さまは具体的には何も想像できていないのです。具体的なイメージは何も浮かんでいないのです。こうした表現を〝つもり表現〟といいます。自分のなかで見えているイメージを、平凡な言葉に置き換えてしまうことです。人間の想像力というのは、すでに経験したことのあることしか想像ができないものなのです。唯一、経験したことのないものを想像するとしたら、それは〝例えること〟によってだけなのです。

これは認知言語学という学問で古くから立証されていることなのですが、多くの人がその大事なことに気づかずに、〝つもり表現〟をしています。例えることはより伝えやすくするのではなく、そもそも例えなければ、人は想像できないのです。あなたのまわりの話し上手な人を思い出してください。皆、共通して、話のなかに例え話が入っているはずです。

お客さまが知らないことを伝えようと思ったら、必ず例え話を入れるように心掛けてください。プレゼンテーションの5つのステップに裏づけの事例が入っているのも、実は例えるプロセスなのです。

1. 知っていることに置き換える

知っていることに例えられるから、聞き手はイメージができます。知らないことを引き合いに出されても、何も伝わりません。

例えば、チェーン店の牛丼しか食べたことがない人が、高級店のすき焼きの味を想像できますか。人間は未知のものは想像できません。でも、すでに知っている物事に置き換えられると想像することができます。

そこで、牛丼を板チョコとします。高級すき焼きを高級チョコレートとしてみましょう。「会社でもらった高級チョコレートだけど、板チョコと比べてどうだった?」、「とろけるよう

知っていることに置き換える
板チョコを牛丼とすると、○○亭のすき焼きは高級なチョコレートみたいな感じかな
○○亭の高級すき焼きってどんな味？
なるほど！　全然、格が違う味なんだね！
聞き手が知っていることに置き換える
相手に伝わる

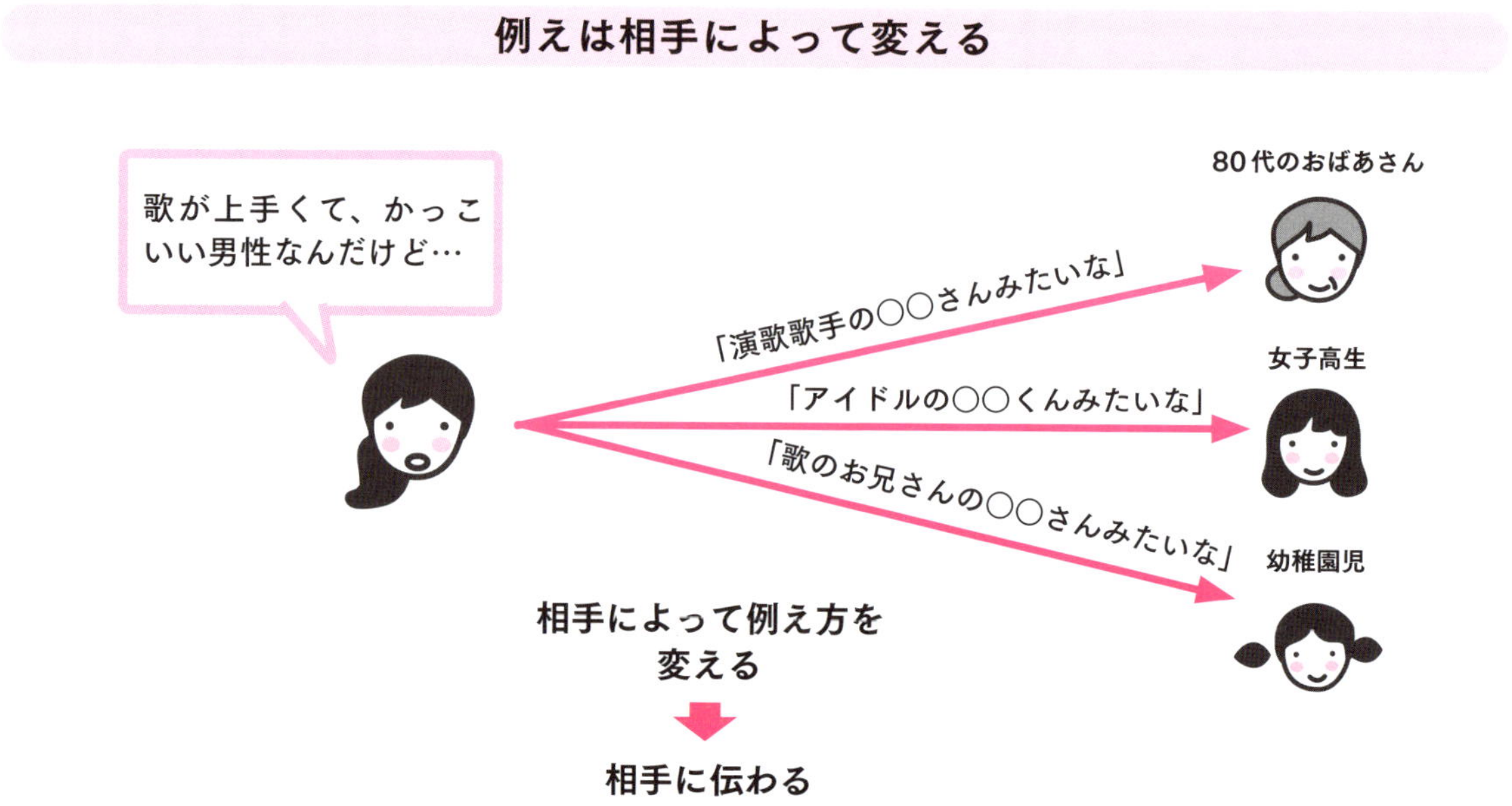
例えは相手によって変える
歌が上手くて、かっこいい男性なんだけど…
80代のおばあさん
「演歌歌手の○○さんみたいな」
女子高生
「アイドルの○○くんみたいな」
「歌のお兄さんの○○さんみたいな」
幼稚園児
相手によって例え方を変える
相手に伝わる

だったよ」、「牛丼が板チョコだとしたら、すき焼きは高級チョコレートみたいなものだよ」と、味は想像できないですがイメージはできます。人に伝える時には、必ず何かに置き換えるようにしましょう。

2. 例えは相手によって変える

よく知っていること、興味があることは、男女によって、世代によって、職業によって、または世帯の構成によってさまざまです。つまり、例え方も変わってくるということです。だから、お客さまが10代の高校生、20代の会社員、30代のビジネスマンだったら、80代のおばあさんだったら、というところに合わせた話、あるいは置き換え能力が求められてきます。

それぞれの層によって傾向があるため、引き出しをいっぱいにしておく。これを覚えておいてください。どんな事例を使うかが、伝えるためのポイントになります。

3. 5つの例え方

物事を伝える例え方には5つあります。例

５つの例え方

比喩（メタファー）	寓話（アレゴリー）	要約（ダイジェスト）	事例（リアルストーリー）	権威（オーソリティ）
何か別の似た要素を持っているものを引き合いに出して言いあらわすこと。直喩と隠喩がある。	他のものに仮に託してストーリーを語り、話題の結論（目的）を察知させること。	言いあらわしたい事柄を、似た意味を持つ別の物事を引用しながら短くまとめること。	表現したい内容を物語る、端的な例をとり上げて紹介すること。	その分野において権威のある存在の例を紹介すること。
例／雪のように白い、花嫁は天使だ	例／「北風と太陽」やイソップ物語	例／ジンジャーエールとコーラ→清涼飲料水	例／1分間に10個売れている	例／キャサリン妃の愛用品

①比喩・メタファーで例える

似た別のものに例える

心が広くて、ロマンティストで、細やかにいろいろ面倒をみてくれる人なんだね
彼って王様のように大きな心で、王子様のようにロマンティックで、コンシェルジュのように細やかに私に接してくれるの！

えば、女の子が自分の彼のことを「彼ってやさしいの！」と言っても、相手は「ふうん」と興味がない様子だったとします。でも何としても彼の魅力を伝えたい。そこで5つの比喩を使ってみましょう。

①比喩（メタファー）で例える

「彼って王様のように大きな心で、王子様のようにロマンティックで、コンシェルジュのように細やかに私に接してくれるの」

　心が広くて、ロマンティストで、細やかにいろいろやってくれる人なのだろうと、伝わります。王様、王子様、コンシェルジュに例えたところが比喩です。

②寓話（アレゴリー）で例える

「バラを育てる人って24時間体制なんだって、品種ごとに株ごとに、手のかけ方を変えるの。手をかければ美しさが育つ、愛情も同じかもしれない。相手に手をかける、時間をかける、そういう努力が愛情を育むのかもね。それを教えてくれたのが彼なの」

　話全体で彼に例えています。愛情をかけてくれる人だと伝わってきます。これは皆さん

②寓話・アレゴリーで例える

仮の話全体で例える

ものすごく大事にしてくれて、いっぱい愛情を注いでくれる人なんだね
バラを育てる人って24時間体制なんだって、品種ごとに株ごとに、手のかけ方を変えるの。手をかければ美しさが育つ、愛情も同じかもれしれない。相手に手をかける、時間をかける、そういう努力が愛情を育むのかもね。
それを教えてくれたのが彼なの

③要約・ダイジェストで例える

さまざまな情報を普遍的なものにまとめて例える

強くて、誰にでもやさしくて、正義感が強くて、かっこよくて、守ってくれる人なんだね
彼は私のヒーローなの！

が知っている「北風と太陽」の話と同じで、これをアレゴリーといいます。

③要約（ダイジェスト）で例える

「彼は私のヒーローなの！」

さまざまにある情報を普遍的なものにまとめて例えています。誰もが持っているヒーロー像から、強くて、正義感が強く、万人にやさしい人だと伝わります。

④事例（リアルストーリー）で例える

「彼は毎日学校の送り迎えをしてくれるの。私が飲み会の時は何時でも迎えに来てくれる。これがつき合い始めてからずっとなの！」

実際にあったことを例にしています。マメで、尽くしてくれる人だということが伝わります。

⑤権威（オーソリティ）

「彼、東大をめざしてたくらいだから、いろいろ知ってて教えてくれるの！」

東大を例にしたことで、どれだけ頭がいいかを伝えています。例える分野の有名な人・事物、実績のある人・事物を出すことで例えます。

④事例・リアルストーリーで例える

実際にあった事柄で例える

マメに尽くしてくれる人
なんだね
彼は毎日学校の送り迎えを
してくれるの。
私が飲み会の時は何時でも
迎えに来てくれる。
これがつき合い始めてから
ずっとなの！

⑤権威・オーソリティで例える

権威のある人・事物で例える

それはすごい！ きっと
頭がいい人なんだね
彼、東大をめざしてたくらい
だから、いろいろ知ってて教
えてくれるの！

Lesson5-7
Point

- ●お客さまが知らないことを伝えようと思ったら、必ず例え話を入れるようにしましょう
- ●相手に合わせた例え方をすれば伝わります
- ●相手が知っているものに置き換えて話すことで、理解してもらえます
- ●５種類の例えを覚えましょう

例える言葉があって初めて、伝わる言葉になります。「〇〇なの！ 例えばね……」は、順番を逆にして、「例えばね……だから〇〇なの」でもいいです。

伝えたいことは例えるのが鉄則です。伝えたいことが伝わって、初めて相手に共感してもらえるのです。

Lesson 5 Let's review

アグリーメントアクション
①言葉をくり返す
②仮説を立ててトレースする

リプレイスメント
言葉を置き換える

〝接客はドッジボールのスタイルで〟
まずはお客さまの言葉を受け止める・くり返す
＝共感力コミュニケーションの原点

会話中、何度でもしたいアクション
① 言葉を何度でもくり返す
② 名前を何度でも呼ぶ
③ アイコンタクトをとる

↓

お客さまの会話の居心地をよくする
お客さまとの心の距離を縮める

お客さまを ふきげんにする話し方
ワースト1 聞きとりにくい小さな声
ワースト2 早口
ワースト3 聞きとりにくい語尾
ワースト4 上がる語尾
ワースト5 事務的な話し方

最初の印象（第一印象） 来店
▼
最も印象が強い
お迎えが大事
最初の印象が在店中続く

真ん中の印象
施行中

最後の印象 施行後・退店
▼
最初の印象の次に印象が強い
お見送りが大事
退店後、
最後の印象がずっと続く

↓

よい印象を持ってもらうことで、
お客さまはごきげんに。サロンを好きになる、再来店につながる

第一印象をつくる ABC
A appearance みなり
B behavior みぶり
C conversation 会話

◎よい身なりにするためにかける時間は 40 分
◎みなりをつくる時間は、仕事に向かう心も整える時間
◎身なりはお客さま目線で

〝期待来店〟
I want to（〜したい）
▼
まずはここはいいなと思ってもらうこと
〝3つの接客マジックワード〟＝「ここはいい」、「また来たい」、「人に言いたい」
●プロットイメージでホスピタリティのセカンドステップ接客
●施術自体に〝期待要素〟のあるヘッドスパの導入
▼
期待来店・再来店・紹介

〝義務来店〟
I have to（〜しなければいけない）
美容室は元来、義務来店の性質を持っている

ありえない接客
不満足
再来店の可能性 0%

あたりまえ接客
満足
再来店の可能性 30%

ありがたい接客
（ホスピタリティのセカンドステップ）
感動
再来店の可能性 80%

共感力が発揮されれば、お客さまの期待以上のありがたい接客に

カウンセリングの５ステップ

ありがたい接客は共感力を発揮する５ステップで創る

①導入 → ②傾聴 → ③分析 → ④立案 → ⑤提案

〝聴く〟が８割

課題の確認→提案→課題の再確認→裏づけ事例→行動喚起

ヒアリングのメソッド

●答えたくなるように聞く＝ペーシング

①感情をトレースする
②表現のダイナミズムを合わせる
③理解のテンポを合わせる

― **お客さまは話しやすく、答えやすくなる**

●答えやすいように聞く

①クローズド・クエスチョン　答えがイエスかノーになる質問スタイル
②オープン・クエスチョン　聞いた範囲のことを全て聞ける質問スタイル
③サンプル・クエスチョン　事例を添えることで、相手が答えやすく、多くの情報を得られる質問のスタイル

ヒアリングではそれぞれの特徴をよく理解し、
上手に組み合わせながら質問を重ねていくと相手が答えやすくなる
共感力コミュニケーションで重要な役割を果たすのは、サンプル・クエスチョン

●3- WHY-STEPS（スリー・ホワイ・ステップ）

質問は縦に３回掘り下げると、お客さまの本音や悩みに届く

●ネットフィッシング・クエスチョン　相手のことを総合的に理解できる質問。

●例えなくては相手に伝わらない

- **知っていることに置き換える**
- **相手によって例えを変える**
- **５つの例え方**
  - 比喩（メタファー）
  - 寓話（アレゴリー）
  - 要約（ダイジェスト）
  - 事例（リアルストーリー）
  - 権威（オーソリティ）

― **知っていることに例えられるから、知らないことでもイメージできる＝伝わる**

Lesson 6

共感力の現場での使い方2

最後に、これまで学習してきた
共感力コミュニケーションをベースにして、
美容の新たな価値創造ができ、美と健康と若さに貢献できる
ヘッドスパをどうセールスしていくか、
ここにポイントをしぼって考えていきます。

How to use "kyou-kan ryoku" in hair salon.

ヘッドスパのセールスで共感力コミュニケーションを実践する3つのステップアップ

お客さまの美へのチャレンジから達成までを共感力コミュニケーションでサポートします。

ステップアップ1 お客さまとの共感レベルを高め信頼を深める

再来店に導く〝期待来店〟の要素があるヘッドスパは、これまでの美容サロンに新しい価値をもたらし、お客さまの美と健康と若さに貢献するメニューです。このヘッドスパをどう販売していくか。これは、やはりカウンセリングがキーになります。ヘッドスパをセールスするにはどうしたらよいか。カウンセリングの5ステップに従って、ひとつずつおさらいしながら見ていきましょう。

カウンセリングは導入から始まります。今日のお客さまの様子を観察し、ペーシングでお客さまのペースに合わせてよい居心地をつくります。

次に、傾聴です。お客さまの話にしっかり耳を傾けましょう。自分の価値観で判断せずお客さまの視点で聴きすすめます。

「いつもと同じでいいわ」、とリクエストするお客さまには、まず言葉を受け止めて、その点を褒めてみましょう。「今のヘアスタイルはとてもお似合いです」。これが、ヘッドスパをセールスするひとつ目のポイントです。カット、パーマ、ヘアカラーなど、お客さまのリクエストの背景や理由を考え、理解して「そうですね、ステキです」と認めましょう。次に例を挙げるので、参考にしてみてください。

①いつもと同じリクエストをするお客さま
そのスタイルが似合っていると感じている→似合っていることを認める

②お手入れの簡単なヘアスタイルを好むお客さま→似合っていることと合理性を認める

③雑誌の切り抜き等で具体的にリクエストするお客さま→流行に敏感なことやチャレンジ精神を認める

お客さまが〝そうしていることの意味〟は、よく聴くことでよりお客さまの本音が見極められ、お客さまとの共感レベルを高め、信頼を深めることができます。お客さまの感情に寄り添い理解すること。自分を信頼してもらえるコミュニケーションに徹し、セールスは考えないことが大切です。

ステップアップ2 美の目標を達成するための優先順位をつける

ヘッドスパのセールスに共感力コミュニケーションを活用する3つのステップアップ

①相手のよい点の発見➡認める	**ヘッドスパセールスのステップアップ・ポイント1** 通常の接客に共感力コミュニケーションを入れる ◆お客さまとの共感レベルを高め、信頼を深める
②美的向上心の満足のための「美を創造すべき点」の発見 ➡チャレンジから達成までをサポートする お客さまから〝本気のありがとう〟がもらえるレベルの **サポート=「感動」**	**ヘッドスパセールスのステップアップ・ポイント2** ヘッドスパ共感力コミュニケーション ◆美の目標を決め、達成するための優先順位をつける **ヘッドスパセールスのステップアップ・ポイント3** ヘッドスパ感動コミュニケーション ◆目標に近づくためのモチベーションと、ごきげんの維持につとめる

次は分析です。傾聴した希望、悩みと合わせて、お客さまの頭皮や毛髪に直接触ることで得た情報を分析します。「パーマやヘアカラーをしていないから髪にはツヤがある。でもシャンプーをした時、頭の筋肉が固くて凝っていたみたい。それに髪が細くなってきている」、「疲れがたまってストレスを感じている。頭皮の皮脂が多いな。それに髪が薄くなってきた気がする」など、見て触って気づいて得た頭皮・毛髪の状態というお客さまが気づき得ないことは、お客さまの想像を超えた提案につながります。これはAIにできない、人にしかできない美容師の仕事です。

そして、一人ひとりのお客さまの美に対する価値や重要感を理解し、ワンランク上の美をめざすための分析をし、立案の準備をします。前述のお客さまには「パーマやカラーをしないから、健康毛、自然美を求めている」というひとつの仮説を立てました。

さらに「シャンプー時、頭部筋肉が固く凝っていた」、「髪が細くなってきている様子」という〝美を創造すべき点〟を見つけました。

〝より美しくなってもらうために〟、〝美を創造すべき点〟を見つける。これがお客さまの美しいところ、〝ツヤのある髪〟を伸ばし、新たなチャレンジをサポートする準備になります

次の立案では〝美を創造すべき点〟において、美を創造する方法を、ヘッドスパのコースなど具体的なメニューに落とし込みます。分析でさまざまな仮説を立てたあと、有効性を基準として優先順位を決めます。この段階がヘッドスパのステップアップ2になり、美しい所を伸ばすために、後のプロセスまでをイメージし、一番速く、もっとも効果を感じていただけるプロセスを考え、実践してもらうように立案します。

ステップアップ3
目標に近づくためのモチベーションと、ごきげんの維持につとめる

ステップアップ2の提案でヘッドスパを受けられたお客さまには、施術後やホームケア後の体感や効果について必ず「いかがでしたか?」と確認しましょう。

ヘッドスパの場合、施術を受けられたお客さまのチャレンジとモチベーションをより充

実させ、その有効性やサロンケアの効果、そしてホームケアの大切さや効果の認識を高めることから始めます。「ご自宅でのシャンプーの時にマッサージするといいですよ。ご自分でもできる簡単なマッサージ法がありますのでぜひお伝えさせてください」。美を高めていくために必要なことを、ゆっくりと無理のないように段階的に提案し、美への有効性を高めていくことが大切です。

そして次回来店時には、改めて施術後やホームケア後の体感や効果について問題がなかったことを確認したうえで、「○○様、髪が元気になってきたようですよ！　根元からの立ち上がりが以前よりしっかりとしています。マッサージの効果が出ていますね。目尻もリフトアップしているように見えます。頭部のマッサージはお顔のたるみやシワにもとっても効果的なんですよ。特に目元やフェイスライン等には変化が出やすいです。さらにお顔も引き上がるといいですよね。リフトアップにおすすめの側頭・前頭のマッサージポイントがあります。ぜひご紹介させてください！」などと伝えましょう。

目標は生涯顧客を育成することです。チャレンジのサポートとごきげんの維持につとめましょう。これがヘッドスパのステップアップ3になります。

これまで学んできた共感力コミュニケーションを発揮すれば、お客さまのモチベーションとチャレンジをサポートできます。提案～実践～達成によって、目的の〝美〟に近づけば、お客さまに高い感動を与えることができます。また、キレイになったお客さまの美を喜ぶという美容師の共感は、お客さまを感動へと導きます。

ヘッドスパをセールスするには
共感力コミュニケーションが欠かせない

コミュニケーション力は
理美容技術の一つ

↓

コミュニケーション力は
共感力によって高まる

↓

共感力コミュニケーションを活用して
ヘッドスパの価値を提案し伝える

ヘッドスパをセールスするには共感力コミュニケーションが欠かせない

お客さまとの会話が上手い下手は関係ありません。コミュニケーション力は理美容技術のひとつと考えましょう。

また、美容の新たな価値創造ができ、美と健康と若さに貢献できるヘッドスパは、お客さまにも、美容業界にも、サロンにも、価値あるメニューです。ヘッドスパの知識と技術の習得はもちろん、セールスするには提案力を養うことが必須になります。

共感力を身につければコミュニケーション力と提案力がおのずとアップします。共感力は努力で身につく能力です。努力すれば誰でも身につけられる能力です。今日から、今から、共感力を磨き、理美容の現場で、ヘッドスパの提案で共感力コミュニケーションを活用しましょう。

次の事例で自分の担当しているお客さまをイメージして、共感力コミュニケーションを高める練習をしましょう。

― 事例１ ―　40代女性　働くお母さん キャリアウーマンタイプ

Step-up Point 1　「通常の接客に共感力コミュニケーションを入れる」
（共感力でコミュニケーションを深める）

美容師

今のスタイルは高橋様の上品な印象にピッタリでよくお似合いになります！

もう何年もこの髪型なの。今のイメージをあまり変えずにお願いしたいわ

お客さま
（高橋さん）

きた

Step-up Point 2　「ヘッドスパ共感力コミュニケーション」
（美の分析と提案の見極め）

高橋様は、先程シャンプーの時に感じたのですが、頭の筋肉がとても固く凝っているようです。固くなっている時は、筋肉が毛細血管をしめつけていて毛根に栄養や酸素が運ばれにくく、細毛や薄毛の原因にもなりやすいですよ

そういえば最近毛が細くなってきたような…どうしたらいいのかしら

高橋様はツヤやかできれいな髪でいらっしゃるので、髪の毛が元気になってボリュームが出るとさらに若々しくて素敵ですよ！
筋肉が固くならないように、ヘッドスパのマッサージでしっかりとほぐすといいですよ。血液の循環もよくなり、毛根に栄養や酸素を運ぶのを助けてしっかりとした毛髪を育てます！

Step-up Point 3　「ヘッドスパ感動コミュニケーション」
（ステップ２で始めたチャレンジを充実させて有効性を広げていく）

高橋様、いかがでしたか？

根元が立ち上がり、自然なボリュームが出ましたね！ 髪もさらにツヤツヤになってとっても素敵です!!

とても気持ちがよかったです

頭の筋肉はお疲れやストレスで固くなりやすいので、ご自宅でのシャンプーの時にマッサージするといいですよ！ 自分でもできる簡単なマッサージ法がありますのでぜひお伝えさせてください！

次回来店時

高橋様、髪が元気になってきたようですよ！ 根元からの立ち上がりが以前よりしっかりとしています。マッサージの効果が出ていますね

目尻の周辺もリフトアップしているように見えます！ 頭部のマッサージはお顔のたるみやシワにもとっても効果的なんですよ。特に目元やフェイスライン等には変化が出やすいです。高橋様は髪も元気に若々しくなられたので、さらにお顔も引き上がるといいですよね！ リフトアップにおすすめの側頭・前頭のマッサージポイントがあります！ ぜひご紹介させてください！

— 事例2 —　50代男性　頼れる上司 できるビジネスマンタイプ

Step-up Point 1 「通常の接客に共感力コミュニケーションをとり入れる」
（共感力でコミュニケーションを深める）

山本様、お久しぶりですね！ お仕事お忙しいご様子、ご活躍ですね！

山本様は会社でも皆さんに頼りにされているんですよね！

最近忙しくて、ゆっくりする暇もないくらいです

お客さま（山本さん）

Step-up Point 2 「ヘッドスパ共感力コミュニケーション」
（美の分析と提案の見極め）

山本様は、お仕事でも家庭でも頼りにされて、責任もおありになるので、
お疲れやストレスなど感じることもありますよね

ストレスはあまり溜めすぎないうちにヘッドスパのマッサージでリラックスして、軽減していただくといいですよ！
お時間がよろしければ本日試しになさってみますか？

確かに相当ストレスは感じます

Step-up Point 3 「ヘッドスパ感動コミュニケーション」
（ステップ２で始めたチャレンジを充実させて有効性を広げていく）

山本様いかがでしたか？

気持ちよかったです、頭が軽くなりました

ヘッドスパのマッサージは短時間でもリラックス効果がありますので、お忙しい山本様にはピッタリです！ 表情も何だか明るくなられたようですよ！

頭部筋肉はお疲れやストレスの影響を受けやすく、固くなりやすいんですよ。山本様はなかなかご来店のお時間も取りにくいと思いますので、ご自宅のシャンプーの時にマッサージするといいですよ！ 自分でもできる簡単なマッサージ法がありますのでぜひお伝えさせて下さい！

次回来店時

山本様、お疲れやストレスで固くなっていた頭部の筋肉がとてもやわらかくなりましたね。頭皮の状態もとても健康的になられています！ ヘッドスパのシャンプーは過剰な皮脂なども海藻成分でしっかりと落とすことができるんですよ！

ベタつきが気になって、週に何回かは男性用シャンプーを使ってます

頭皮は、洗い過ぎると乾燥して、逆に皮脂が過剰に出るようになってしまいます。ヘッドスパのシャンプーはフノリという海藻が頭皮や毛髪のうるおいやバリア機能等を守り、洗い過ぎることなく不要な汚れだけを落とすことができるので、乾燥などのダメージから守り、ベタつきやニオイを防ぐのにもおすすめです。

汚れが気になる時には、お湯でしっかりとすすぎ洗いをして、マッサージ前に海藻のヌメリで予《よ》洗《あら》いをしていただくといいですよ！

- まずは日頃の接客に意識して共感力コミュニケーションをとり入れていきましょう
- お客さまの美しいところを伸ばして、さらに美しくなってもらうための分析は欠かせません
- 美を達成するために、無理のないよう段階的にお客さまをサポートしていきましょう

Lesson 6　Let's review

美容の新たな価値創造ができ、美と健康と若さに貢献できるヘッドスパをどうセールスしていくか

共感力コミュニケーションを実践する３つのステップアップ

Step1
「通常の接客に共感力コミュニケーションをとり入れる」（共感力でコミュニケーションを深める）
日常、あたりまえに行なっているあいさつ等の接客応対だけでなく、共感力コミュニケーションをとり入れる。パーマ、カット、ヘアカラーなどのお客さまのリクエストの背景や理由をよく聴き、理解して認める。
● Step1 では、お客さまを理解することと、自分を信頼してもらえるコミュニケーションに徹し、売り込みは考えないことが大切。

Step2
「ヘッドスパ共感力コミュニケーション」（美の分析と提案の見極め）
お客さまの美しいところを伸ばし、新たなチャレンジをサポートする準備。
・美に対する価値や重要感を理解し、ワンランク上の美をめざすための分析をして、提案の準備をする。
・有効性を基準とした優先順位を決めて実践する。
● Step2 では、美しいところを伸ばすために、後のプロセスまでをイメージし、一番速く最も効果を感じてもらえる提案から始めることが大切。

Step3
「ヘッドスパ感動コミュニケーション」（ステップ２で始めたチャレンジを充実させて有効性を広げていく）
・提案～実践～達成によって共感→感動へ。
・新たな美の創造を達成するため、真剣に思いを込めて最後までサポートする。
● Step3 では、美を高めていくために必要なことをゆっくりと無理のないように段階的に提案し、美への有効性を高めていくことが大切。

Column　店内ポップでヘッドスパのメニュー紹介

近年は、スマホの長時間の使用などによるさまざまな体への影響で、首や肩が凝ったり、目が疲れたり、またそれが起因してほかの体調不良を感じている人は少なくありません。そこで、例えば、「スマホ、目の疲れ、ヘッドスパ」などのキーワードを組み合わせたメニューを店内ポップなどで紹介すると、不調を何となく自覚しているお客さまや、興味を持たれたお客さまが「ヘッドスパは目の疲れがとれるの？」など問いかけがあるはずです。ポップなどで事前に情報提供しておけば、お客さまとの会話にスムーズに入れます。これが共感力コミュニケーションの始まりです。

店内ポップのポイントは、短いキーワードです。まず短いキーワードで興味を引き、具体的な効果やエビデンスのような情報は、ホームページやブログ、またはＳＮＳを活用して発信するとよいでしょう。

Epilogue

共感力コミュニケーションがビューティビジネスの拡大と理美容業界の新たなる成長と繁栄に導く

一般社団法人日本ヘッドスパ協会

これまでの理美容業界は魅力的なデザインを追求し、それを生み出すべく革新的な技術を開発することで、成長を遂げてきました。

しかし、現在の理美容業界は、すでに安定期を迎えたといわれ、多くのサロンが強い閉塞感のなかにあります。この閉塞感を打ち破るには、マーケットの拡大が一番の特効薬です。そして美容ビジネスの拡大には、多くの人が求めている「健康」、「若さ」、「美しさ」等の多様な有効性が得られるメニューを上手く活用することが、サロンの優良顧客を増やすことにつながります。

また現代は、コミュニケーションが大切な多様性の時代です。いろいろなモノやコトのコラボレーションにより新たな価値が生まれる時代です。個人も企業も新たな価値を創造することにこだわり、モノやコトを生み出す背景となるコミュニケーションにお金と時間を費やしています。

美容も、エステティックやスパ、スポーツ等と、今まで自分たちとはあまり関係ないと思っていたなかで、すでに新たなコラボレーションやコミュニケーションが始まっています。いろいろなモノに共感し、社会の変化に適応し、変化することが求められています。

生物の進化論を説いたダーウィンは「種の起源」のなかで、「生き残る種とは、もっとも強いものでもない。もっとも知的なものでもない。それは変化にもっともよく適応したものである」といっています。理美容業界も同じです。

今、ビューティビジネスをコミュニケーションによって拡大しようとするのであれば、理美容師が得意とする頭から始まり、つま先までの全身の美や健康、若さ等に多様な有効性を持つヘッドスパが一番です。

ヘッドスパは、髪の造形美や色彩美と同様、高い優先順位の美として求められている「肌」や「プロポーション」等にかかわる美のニーズにも効果を発揮できる、頭部から全身へとケアできる技術です。

頭部への快適なマッサージ刺激によりストレスの軽減、自律神経の安定、全身の循環や代謝を促すことで、人間を健康で美しくする働きがある技術として誕生し、ストレス社会のなかで人間が受

ヘッドスパの効果

①頭皮や髪の生育環境改善効果

髪や頭皮の健康と美しさを守っているキューティクルやセラミドなどの有用物を落としすぎない洗浄で、毛穴をふさいでいる汚れ、ロウ状の分泌物、老化角質などをやさしく取り除くことにより、発毛を促進し、頭皮トラブルやニオイを改善します。

②循環器系の改善効果

頭部ケアのマッサージにより循環が改善されて、頭や顔のリンパ液や血液の流れが促進されます。酸素や栄養素の供給が増え、老廃物や疲労物質を排出します。

③快感刺激によるリラクゼーション効果

頭部ケアのマッサージは大脳に伝わる心地よい刺激で脳ストレスを軽減させて、高いリラクゼーション効果を生み出し、自律神経を安定させます。自律神経の安定は生命維持に重要な免疫や内分泌（ホルモン）などの機能を調節し、全身的な美や健康に有効性を発揮します。

けるストレス軽減に一役買うことのできる技術、それが〝ヘッドスパ〟です。

従来、美容のプロである理美容師が今まで深く追求してこなかった部分です。頭部の癒しは全身の美と健康に貢献できます。技術を極めれば、当然、理美容のビジネスは拡大していきます。

〝ヘッドスパ〟は、頭からのアプローチが全身の美と健康にプラスになる技術ですから、従来の美容技術にはなかったビジネスの拡大と高価値化によるニュービジネスを生み出す可能性があります。

日本ヘッドスパ教会（ＪＨＳＡ）のヘッドスパ技術、理論、効果の詳細については既刊『ヘッドスパ検定公式テキストブック　できる！　ヘッドスパ』（女性モード社刊）をご参照ください。

また、ヘッドスパの効果の裏づけとなる最新の皮膚科学に基づいた理論、例えば表皮で全身の健康に働きかける物質（免疫物質のサイトカインや神経系の情報伝達物質であるドーパミンや快楽ホルモンといわれるベータエンドルフィン）がつくられていることや、身体の健康と美しい皮膚はお互いに助け合う相互依存の関係にあること、皮膚自体に脳と同じような考える機能があることなどを理解するとともに優れた技術の習得も必要です。

さらに、21世紀は自然環境に負担をかけないエコライフを心掛ける人が増えています。そうしたライフスタイルが社会的なステイタスにもなる時代です。

日本ヘッドスパ協会では、地球にも人にも優しい生活環境を社会に広めていく活動として、商材も自然由来の海藻を原料とする生分解性の優れた洗浄剤を使用することで、水資源の環境保持に力を入れています。また、当協会が推奨するエコな商品を使用していただくと売上の一部が森をつくる運動に使われる等の活動にも参加しています。

このような当協会の取り組みやヘッドスパによる効果と、その高い価値をお客さまに伝えるコミュニケーション能力〝共感力〟との相乗効果を活用することで、これからのビューティビジネスの拡大と理美容業界の新たなる成長・繁栄につながることを期待します。

一般社団法人
日本ヘッドスパ協会（JHSA）

21世紀のストレス社会において、美的向上心を有する人々に対し「癒しの技術」（ヘッドスパ）から美と健康に対する技術・製品の研究・開発を行ない、新たな美容産業の発展・進歩に取り組んでいる団体。

www.headspa.jp/

安東徳子《あんどう・のりこ》

一般社団法人日本ヘッドスパ協会理事
(株)エスプレシーボ・コム代表取締役

理美容業界、ウエディング、教育ビジネスなどホスピタリティ産業を中心としたコンサルタントとして活躍する。累計1万人を超える社員教育の実践のなかから導き出した「共感力」をベースに、独自構築した理論「EC（エモーショナル・コミュニケーション）メソッド」を駆使して幅広く研修事業を展開。近年では美容系専門学校の創立に参画し、コンサルテーションを担当。創立翌年から9年連続所在県下1位の入学者数を維持するという驚異的な結果をもたらした。顧客からの厚い信頼は高いリピート率からもうかがえる。サービス業に特化した研修は年間120本を超える。

また来てもらえる美容師になるための共感力

2017年4月25日　初版発行
定価　本体2,500円+税

発行人　寺口昇孝
発行所　株式会社女性モード社
本社／〒161-0033 東京都新宿区下落合3-15-27
tel.03-3953-0111　fax. 03-3953-0118
大阪支社／〒541-0043 大阪府大阪市中央区高麗橋1-5-14-603
tel.06-6222-5129　fax.06-6222-5357

著者　安東徳子
デザイン&イラスト　石山沙蘭
編集協力　西村 玲
印刷・製本　株式会社JPコミュニケーションズ